中国电子信息工程科技发展研究

网络与通信专题

中国信息与电子工程科技发展战略研究中心

科学出版社

北 京

内 容 简 介

网络与通信技术是我国加快建设"网络强国"、抢抓信息革命重大机遇的重要支撑。为反映网络与通信领域科技发展成果和最新发展态势,本书首先概括了网络与通信领域的全球发展态势与特点、我国发展现状及未来展望,重点选取网络与通信领域的 7 大技术与服务范畴进行详细表述,并对光通信与移动通信的学术前沿技术进行了综述,最后对网络通信领域关键指标进行了系统梳理,提炼了近两年在技术产业发展方面的 15 个热词。

本书可作为网络、通信领域科研和工程技术人员的参考书,也可为国家不同层面和不同领域的各界专家学者、高校相关专业学生以及其他对网络与通信发展感兴趣的读者提供参考。

图书在版编目(CIP)数据

中国电子信息工程科技发展研究. 网络与通信专题/中国信息与电子工程科技发展战略研究中心编著. —北京:科学出版社,2022.9
ISBN 978-7-03-073077-0

Ⅰ. ①中… Ⅱ. ①中… Ⅲ. ①电子信息-信息工程-科技发展-研究-中国②计算机网络-科技发展-研究-中国③通信技术-科技发展-研究-中国
Ⅳ. ①G203②TP393③TN91

中国版本图书馆 CIP 数据核字(2022)第 162526 号

责任编辑:任 静 / 责任校对:胡小洁
责任印制:吴兆东 / 封面设计:迷底书装

科学出版社 出版
北京东黄城根北街 16 号
邮政编码:100717
http://www.sciencep.com

北京虎彩文化传播有限公司 印刷
科学出版社发行 各地新华书店经销

*

2022 年 9 月第 一 版 开本:890×1240 1/32
2022 年 9 月第一次印刷 印张:5
字数:117 000

定价:88.00 元
(如有印装质量问题,我社负责调换)

《中国电子信息工程科技发展研究》指导组

组　　长：
　　　吴曼青　　费爱国
副组长：
　　　赵沁平　　余少华　　吕跃广
成　　员：
　　　丁文华　　刘泽金　　何　友　　吴伟仁
　　　张广军　　罗先刚　　陈　杰　　柴天佑
　　　廖湘科　　谭久彬　　樊邦奎
顾　　问：
　　　陈左宁　　卢锡城　　李天初　　陈志杰
　　　姜会林　　段宝岩　　邬江兴　　陆　军

《中国电子信息工程科技发展研究》工作组

组　长：
　　　　余少华　陆　军
副组长：
　　　　安　达　党梅梅　曾倬颖

国家高端智库

中国信息与电子工程科技
发展战略研究中心简介

中国工程院是中国工程科学技术界的最高荣誉性、咨询性学术机构，是首批国家高端智库试点建设单位，致力于研究国家经济社会发展和工程科技发展中的重大战略问题，建设在工程科技领域对国家战略决策具有重要影响力的科技智库。当今世界，以数字化、网络化、智能化为特征的信息化浪潮方兴未艾，信息技术日新月异，全面融入社会生产生活，深刻改变着全球经济格局、政治格局、安全格局，信息与电子工程科技已成为全球创新最活跃、应用最广泛、辐射带动作用最大的科技领域之一。为做好电子信息领域工程科技类发展战略研究工作，创新体制机制，整合优势资源，中国工程院、中央网信办、工业和信息化部、中国电子科技集团加强合作，于 2015 年 11 月联合成立了中国信息与电子工程科技发展战略研究中心。

中国信息与电子工程科技发展战略研究中心秉持高层次、开放式、前瞻性的发展导向，围绕电子信息工程科技发展中的全局性、综合性、战略性重要热点课题开展理论研究、应用研究与政策咨询工作，充分发挥中国工程院院士，国家部委、企事业单位和大学院所中各层面专家学者的智力优势，努力在信息与电子工程科技领域建设一流的战略思想库，为国家有关决策提供科学、前瞻和及时的建议。

《中国电子信息工程科技发展研究》
编写说明

当今世界，以数字化、网络化、智能化为特征的信息化浪潮方兴未艾，信息技术日新月异，全面融入社会经济生活，深刻改变着全球经济格局、政治格局、安全格局。电子信息工程科技作为全球创新最活跃、应用最广泛、辐射带动作用最大的科技领域之一，不仅是全球技术创新的竞争高地，也是世界各主要国家推动经济发展、谋求国家竞争优势的重要战略方向。电子信息工程科技是典型的"使能技术"，几乎是所有其他领域技术发展的重要支撑，电子信息工程科技与生物技术、新能源技术、新材料技术等交叉融合，有望引发新一轮科技革命和产业变革，给人类社会发展带来新的机遇。电子信息工程科技作为最直接、最现实的工具之一，直接将科学发现、技术创新与产业发展紧密结合，极大地加速了科学技术发展的进程，成为改变世界的重要力量。电子信息工程科技也是新中国成立70年来特别是改革开放40年来，中国经济社会快速发展的重要驱动力。在可预见的未来，电子信息工程科技的进步和创新仍将是推动人类社会发展的最重要的引擎之一。

把握世界科技发展大势，围绕科技创新发展全局和长远问题，及时为国家决策提供科学、前瞻性建议，履行好国家高端智库职能，是中国工程院的一项重要任务。为此，中国工程院信息与电子工程学部决定组织编撰《中国电子信息工程科技发展研究》(以下简称"蓝皮书")。2018 年 9 月至今，编撰工作由余少华、陆军院士负责。"蓝皮书"分综合篇和专题篇，分期出版。学部组织院士并动员各方面专家 300 余人参与编撰工作。"蓝皮书"编撰宗旨是：分析研究电子信息领域年度科技发展情况，综合阐述国内外年度电子信息领域重要突破及标志性成果，为我国科技人员准确把握电子信息领域发展趋势提供参考，为我国制定电子信息科技发展战略提供支撑。

"蓝皮书"编撰指导原则如下：

(1) 写好年度增量。电子信息工程科技涉及范围宽、发展速度快，综合篇立足"写好年度增量"，即写好新进展、新特点、新挑战和新趋势。

(2) 精选热点亮点。我国科技发展水平正处于"跟跑""并跑""领跑"的三"跑"并存阶段。专题篇力求反映我国该领域发展特点，不片面求全，把关注重点放在发展中的"热点"和"亮点"问题。

(3) 综合与专题结合。"蓝皮书"分"综合"和"专题"两部分。综合部分较宏观地介绍电子信息科技相关领域全球发展态势、我国发展现状和未来展望；专题部分则分别介绍 13 个子领域的热点亮点方向。

5 大类和 13 个子领域如图 1 所示。13 个子领域的颗粒度不尽相同，但各子领域的技术点相关性强，也能较好地与学部专业分组对应。

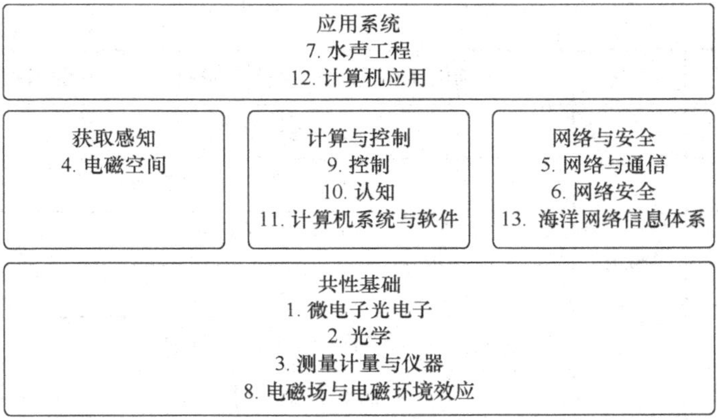

	应用系统 7. 水声工程 12. 计算机应用	
获取感知 4. 电磁空间	计算与控制 9. 控制 10. 认知 11. 计算机系统与软件	网络与安全 5. 网络与通信 6. 网络安全 13. 海洋网络信息体系

共性基础
1. 微电子光电子
2. 光学
3. 测量计量与仪器
8. 电磁场与电磁环境效应

图 1　子领域归类图

　　前期，"蓝皮书"已经出版了综合篇、系列专题和英文专题，见表 1。

表 1　"蓝皮书"整体情况汇总

序号	年份	中国电子信息工程科技发展研究——专题名称
1		5G 发展基本情况综述
2		下一代互联网 IPv6 专题
3		工业互联网专题
4		集成电路产业专题
5	2019	深度学习专题
6		未来网络专题
7		集成电路芯片制造工艺专题
8		信息光电子专题
9		可见光通信专题
10	大本子	中国电子信息工程科技发展研究（综合篇 2018—2019）

续表

序号	年份	中国电子信息工程科技发展研究——专题名称
11		区块链技术发展专题
12		虚拟现实和增强现实专题
13	2020	互联网关键设备核心技术专题
14		机器人专题
15		网络安全态势感知专题
16		自然语言处理专题
17	2021	卫星通信网络技术发展专题
18		图形处理器及产业应用专题
19	大本子	中国电子信息工程科技发展研究（综合篇 2020—2021）
20		量子器件及其物理基础专题
21		微电子光电子专题*
22		测量计量与仪器专题*
23		网络与通信专题*
24		网络安全专题*
25	2022	电磁场与电磁环境效应专题*
26		控制专题*
27		认知专题*
28		计算机应用专题*
29		海洋网络信息体系专题*
30		智能计算专题*

* 近期出版。

从 2019 年开始，先后发布《电子信息工程科技发展十四大趋势》和《电子信息工程科技十三大挑战》（2019 年、2020 年、2021 年、2022 年）4 次。科学出版社与 Springer 出版社合作出版了 5 个专题，见表 2。

表 2　英文专题汇总

序号	英文专题名称
1	Network and Communication
2	Development of Deep Learning Technologies
3	Industrial Internet
4	The Development of Natural Language Processing
5	The Development of Block Chain Technology

相关工作仍在尝试阶段，难免出现一些疏漏，敬请批评指正。

中国信息与电子工程科技发展战略研究中心

前　言

当今世界正处于"网络世界与自然世界和人类社会"深度融合的数字化、网络化、智能化进程中，百年一遇，这是人类生产力又一次质的重大提升，带来了新的生产生活方式，像人类历史所经历过的农业文明和工业文明一样影响深远、意义重大，这一进程正深刻改变着全球的经济格局、文化格局、竞争格局和安全格局，由此带来社会发展新机遇、国家治理新领域、产业升级新动能、百姓生活新空间和国际竞争新疆域。现阶段网络的使用人数、产业带动、影响规模前所未有；存在的问题、困难和挑战前所未有；面向未来发展的任务之重、压力之大、期望之高前所未有。未来几年，网络通信技术的发展方向是人-网-物三元万物互联及其与各行业各区域的系统性融合，以数字化网络化智能化手段实现，连接、延伸和渗透整个自然世界和人类社会，网络空间不断充实和扩大。随着5G加速布局，网络连接数量从几十亿到百亿级，再发展到千亿级与万亿级，从人-网二元互联发展到人-网-物三元和多元互联，从地面的平面互联发展到空间三维互联及外太空和星际互联(信息网络，相当于在传统物理世界和人类社会层面上增加了一个神经层或控制层)，网络具有超乎想象的感知、传输、存储和处理能力，与传统行业和区域融合，将催生出各种可能性。从高加索战争和俄乌冲突看，物联网和无人机的引入，使得战争方式发生了重大和颠覆性变化，决胜千里之外，战争已经进入一个全新的时代。Gartner 曾预测 2025 年全球物联网设备将达 251 亿部，市场规模超过 3 万亿美元；麦肯锡预测到 2025 年物联网对经济的影响力将达 2.7 至 6.2 万亿美元。5G 无线全覆盖和千兆接入网加速构建，连接国内五百多个城市、"一带一路"沿线国家和全球五大洲两百多个国家的陆海空天超高速网络将建成。未来二十年之内，我国以互联网为重要载体的数字经济增加值按年计算有望超过 GDP 的一半。加快建设网络强国是抢抓信息革命重大机遇的战略选择，是打造科技强国、重塑国际竞争力和国际格局的迫切需要。

为反映网络与通信领域科技发展成果和最新发展态势，本书首先从学术、技术和产业三个维度总体概括了网络与通信领域的全球发展态势与特点、我国发展现状以及未来展望；然后从技术和应用两个层面，选取网络通信领域中的移动通信、数据通信、光纤通信三大基础网络技术范畴，工业互联网、车联网、移动互联网、物联网四大应用服务范畴，分别就其最新技术进展、未来发展趋势、技术与产业发展热点及亮点进行了详细表述；对光纤通信和移动通信的学术前沿技术进行了综述；最后对网络通信领域关键指标进行了系统梳理，提炼了近两年在技术和产业发展方面的 15 个热词，研究给出了基本的定义，介绍了相关应用的发展水平。

来自鹏城实验室、中国信息通信科技集团有限公司(武汉邮电科学研究院)、中国信息通信研究院、中国电信集团有限公司、中国移动通信集团有限公司、中国联合网络通信集团有限公司、清华大学、中兴通讯股份有限公司、华为技术有限公司、北京大学、复旦大学、上海交通大学、中国电子科技集团公司、北京邮电大学、电信科学技术研究院、东南大学、中国人民解放军战略支援部队信息工程大学、电子科技大学、武汉光迅科技股份有限公司、烽火通信科技股份有限公司、光纤通信技术和网络国家重点实验室、国家信息光电子创新中心、中国卫星网络集团有限公司等单位的专家参与了本次研究工作，在此一并表示深深的敬意和衷心的感谢！

专家组名单

姓名	工作单位	职务/职称
余少华	鹏城实验室/中国信息通信科技集团有限公司	中国工程院院士
邬贺铨	中国工程院	中国工程院院士
赵梓森	中国信息通信科技集团有限公司	中国工程院院士
邬江兴	解放军信息工程大学	中国工程院院士
刘韵洁	南京紫金山实验室	中国工程院院士
张平	北京邮电大学	中国工程院院士
余晓晖	中国信息通信研究院	教授级高工
王志勤	中国信息通信研究院	教授级高工
史德年	中国信息通信研究院	教授级高工
党梅梅	中国信息通信研究院	正高级工程师
赵慧玲	中国电信集团有限公司	教授级高工
周建明	中国移动通信集团有限公司	教授级高工
陈山枝	中国信息通信科技集团有限公司	教授级高工
郭跃栋	华为技术有限公司	专家
雷文杨	华为技术有限公司	专家
王翔	中兴通讯股份有限公司	高工
匡麟玲	清华大学	教授

续表

姓名	工作单位	职务/职称
李丹	清华大学	教授
崔勇	清华大学	教授
张文军	上海交通大学	教授
尤肖虎	东南大学	教授
李少谦	电子科技大学	教授
汪春霆	中国卫星网络集团有限公司	教授级高工

注：排名不分先后

撰写组名单

姓名	工作单位	职务/职称
余少华	鹏城实验室/中国信息通信科技集团有限公司	中国工程院院士
党梅梅	中国信息通信研究院	正高级工程师
何炜	中国信息通信科技集团有限公司	高级工程师
陈亮	中国信息通信科技集团有限公司	高级工程师
张新全	中国信息通信科技集团有限公司	高级工程师
李少晖	中国信息通信研究院	高级工程师
曹蓟光	中国信息通信研究院	正高级工程师
李珊	中国信息通信研究院	正高级工程师
余冰雁	中国信息通信研究院	高级工程师
张恒升	中国信息通信研究院	高级工程师
穆琙博	中国信息通信研究院	高级工程师
朱鹏飞	中国信息通信研究院	工程师

注：排名不分先后

目　　录

《中国电子信息工程科技发展研究》编写说明
前言
第1章　全球发展态势 ·· 1
　1.1　前沿创新 ··· 2
　1.2　技术创新 ·· 12
　1.3　产业发展 ·· 15
　　参考文献 ·· 17
第2章　我国发展现状 ·· 19
　2.1　前沿创新 ·· 20
　2.2　技术创新 ·· 21
　2.3　产业发展 ·· 22
　2.4　机遇挑战 ·· 23
　　参考文献 ·· 24
第3章　我国未来展望 ·· 26
　3.1　前沿创新 ·· 26
　3.2　技术创新 ·· 27
　3.3　产业发展 ·· 27
　3.4　"十四五"时期发展重点 ······················· 28
　　参考文献 ·· 32
第4章　我国热点亮点 ·· 33
　4.1　移动通信 ·· 33
　　4.1.1　技术进展 ·· 33

　　4.1.2　趋势预测 ·· 36

　4.2　数据通信 ·· 38

　　4.2.1　技术进展 ·· 38

　　4.2.2　趋势预测 ·· 40

　4.3　光纤通信 ·· 41

　　4.3.1　技术进展 ·· 42

　　4.3.2　趋势预测 ·· 43

　4.4　工业互联网 ·· 44

　　4.4.1　技术进展 ·· 46

　　4.4.2　趋势预测 ·· 47

　4.5　车联网 ··· 48

　　4.5.1　技术进展 ·· 49

　　4.5.2　趋势预测 ·· 50

　4.6　移动互联网 ·· 51

　　4.6.1　技术进展 ·· 51

　　4.6.2　趋势预测 ·· 52

　4.7　物联网 ··· 54

　　4.7.1　技术进展 ·· 54

　　4.7.2　趋势预测 ·· 55

　参考文献 ··· 57

第 5 章　光纤通信学术前沿 ·· 59

　5.1　技术发展现状 ·· 60

　5.2　未来发展趋势 ·· 69

　参考文献 ··· 74

第 6 章　移动通信学术前沿 ·· 77

　6.1　基础理论研究 ·· 77

　　6.1.1　经典物理理论 ·· 77

　　　6.1.2　电磁信息论 ················· 79

　6.2　基础材料研究················· 81

　　　6.2.1　超材料 ················· 81

　　　6.2.2　超表面 ················· 83

　　　6.2.3　基于超表面的光无线系统 ·········· 85

　6.3　无线物理层研究················· 87

　　　6.3.1　信号的数学问题 ············· 87

　　　6.3.2　毫米波技术 ··············· 89

　　　6.3.3　太赫兹技术 ··············· 92

　6.4　新型网络架构研究 ·············· 98

　6.5　未来发展趋势 ················ 100

　　　6.5.1　空天地海一体化 ············ 100

　　　6.5.2　通信感知技术 ············· 104

　　　6.5.3　基于人工智能的无线通信 ········ 106

　参考文献 ···················· 108

第 7 章　网络通信关键指标和技术演进 ·········· 114

　7.1　关键指标 ·················· 114

　7.2　技术挑战和演进趋势 ············ 117

　参考文献 ···················· 120

第 8 章　年度热词 ·················· 121

　参考文献 ···················· 130

第 1 章　全球发展态势

根据 We Are Social 和 HootSuite 联合发布的分析数据,截至 2022 年 1 月,互联网已经覆盖全球超过 220 个国家和地区,全球互联网用户已经达到 49.5 亿(64.5 户/百人),移动电话用户 53.1 亿(69.6 户/百人)。根据国际电信联盟(ITU)的最新数据,截至 2021 年底,全球移动宽带用户 63.80 亿(83.0 户/百人),固定电话用户 8.46 亿(11 户/百人),固定宽带用户 13.1 亿(17 户/百人)(引自 ITU 数据[1])。

宽带人口普及率每提高 10%,可带动国内生产总值提升 1.38%(引自世界银行数据[2])。亚太互联网络信息中心(APNIC)统计数据显示,截至 2021 年底,全球 49.5 亿互联网用户中,IPv6 用户数量已达 14 亿,IPv6 用户占比约为 28.28%。与 2019 年同期相比,全球 IPv6 用户数量增长超过 4 亿,IPv6 用户占比上升了 4%。世界人均联网设备的数量从 2003 年的 0.08 台增长到 2010 年的 1.84 台,2015 年的 3.47 台,到 2020 年增长到 6.58 台。人类在计算机商品化之前的整个历史过程中已积累了 12EB 数据,到 2006 年达到 180EB,在 2006~2011 年间已超过 1600EB,这一数字每 3 年就会翻 4 倍,2015 年就已达到 8ZB(引自《第四次工业革命》),到 2020 年底突破 108ZB 甚至更多[3]。

1.1　前　沿　创　新

互联网仍是支撑未来十年全球信息传输基础设施的主导体系架构，P 比特级传输、E 比特级交换、千兆以上接入、5G 全覆盖和工业互联网正逐步成为现实，实现信息在空间上、时间上的有效传送。人-网-物三元万物互联，与各行各业深度融合，正向生产制造等领域不断延伸[4,5]。网络已成为人类有史以来最大的人造物。网络通信领域的整体发展趋势呈现出十大技术特征[6-8]。

一是网络特征。网络中规模最大的是互联网，互联网是面向全球的分布式开放信息传输平台，是 21 世纪的科技象征，它已逐渐成为随时随地的“场景”，像阳光、空气、水和电一样，成为一种普适的“存在”。下一步，体现出人-网-物三元万物互联，大融合、大连接、大数据、新智能，逐步渗透至整个自然世界和人类社会，相当于在自然世界和人类社会之上叠加了一个神经层，这是人类有史以来的由科技活动引发的极其少有的重大转变。目前，以网络为主体的数字经济规模，在美、德等发达国家占据 GDP 60%～70%的规模，在中国占 GDP 的 38.6%。但是，如何预测大规模复杂互联网行为是一个难题。如果现有互联网已有 300～500 亿连接，那么连接总数有极限吗？如果有，是多少？其节点数和用户数能一直增加到无穷多吗？网络是人类进化数万年以来新产生的庞然大物，其范围究竟能扩展到多大？寿命还有多长？它会永生吗？下一步它究竟会如何演进？有人认为互联网会分裂，究竟会如何分裂？

还有，互联网作为一个整体事务(而不仅仅只是网络性能)，其未来发展是否有可能建模并用数学来描述、刻画？这些都是我们需要去探索和解决的重大工程科技问题。爱因斯坦说过，"提出一个问题往往比解决一个问题更为重要"。

二是架构特征，这一特征正体现出 5G/B5G/6G 网络体系架构、云网一体、云端协同的四大转变：即从复杂封闭体系向开放开源的新型 NFV/SDN(网络功能虚拟化/软件定义网络)云网一体架构转变，从行政管理体制及传统组网思维向互联网思维转变，从被动适应向主动快速灵活应对转变，组成架构各要素单元的来源从传统买卖关系向建构产业链新生态系统转变。未来十年互联网仍将是主导体系架构，其影响最大、覆盖最广、用户最多的全球地位不会改变。从研究未来网络体系架构和未来网络节点设备体系架构的角度我们会问，什么样的体系架构是最好的，如何能确保使命必达，如何能确保用户体验最好，好的体系架构的评价标准是什么，不用 TCP/IP 用什么？不用尽力而为用什么？特别是如何把空天地海组网都考虑进来。即使我们找到了最好的体系架构，能替代现有的庞大的互联网吗，拿什么来替代？如何替代？怎么替代？谁来投资？如何投资？谁来实施和运营？假如不能替代，后续几十或几百年或更长时间，我们从技术上该怎么办？如何改进？或者走另外一条完全不同的全新道路？这条道路还需要无线通信和光通信继续迭代创新来支撑吗？这些都是我们需要从体系架构去探索和解决的重要工程科技问题。

三是连接特征。办公室有了电话，就被连接到外部世界。家里有了电脑就可以随时连接上网。有了传感器就可以产生对应的物联网连接。人有了手机就可以在对应的时间、地点被连接到世界任何个人，随时随地网购、游戏、线上培训、远程医疗、网上会议、微信、付费等。有传感感知互连、无线互连、光纤互连、可见光互连、红外互连、太赫兹互连、水下互连，从消费领域互连向工业领域互连推进，向所有行业和区域延伸等。从点对点和点到多点连接，到网络连接，到大网和巨网连接。连接可以大大拉近人与人、人与物、物与物的距离，不断地把无关的事物关联起来，可以不断地提供服务，提效、增值、降成本，从话音、文字、图像视频到增强现实/虚拟现实(AR/VR)。连接可以共享、互动、加快流动、降低不确定性、强化依存关系、加速进化。连接重塑制造，连接驱动转型，连接产生创新，连接推动融合，连接催生跨界。全球74亿人可以通过手机连接在互联网上。梅特卡夫定律说：网络的价值与网络连接节点数的平方成正比，节点数越多，价值越高。连接总数指数级增长，像滚雪球一样越滚越大，随着连接数量的剧增，会不断涌现出新的巨变。以人类大脑为例，它相当于100万亿神经元间的相互连接，这些连接是大规模并行的、大部分细节是随机的(雷·库兹韦尔)。大脑只不过3磅(1360克)重，你可以一手掌握，但它却可以构想出跨越亿万光年的宇宙(玛丽安·戴蒙德)。74亿台相互连接的手机所产生的价值和影响力要远远超过相等价值的超级计算机，而且连接所产生的影响是颠覆性的，会改变很多传统行业的商业模式。连接可以不断地突破距离限制、时间限制，突破听力制约、视力制约、能力制约、知识制约、脑力制约，向所有人类未知领域延伸，下一步我们人类嗅觉、预感、想象力，或许可以通过网络连接取得突破。就像互联网把网购推向一个全新的阶段一样。未来，百亿级至千亿级的物联网连接的引入又会把人类的文明方式推向一个意想不到的新时代。

四是空间特征，体现出网络通信可以突破空间限制、位置限制，微观世界、生物环境限制，可以突破高温低温环境的限制、高压低压的限制、海底和地球内部的限制，以及其他人类不适合生存的环境的限制。下一步，体现出网络互联从目前地面上的平面二维互联向陆海空三维互联、微观世界互联及外太空和星际互联不断延伸。互联会延伸到海底及其未知世界，互联到地球的所有物理维度。下一步，我们需要互联到太阳系以外，互联到银河系以外，互联到宇宙所有地方。未来，宇宙中所有的一切，都可以被联网。更进一步，还需要互联到化学反应、生物机理、材料和能源机理的内部等。

五是软件特征，通信系统软件较诱人之处是可不断增加系统的灵活性、不断增加系统的功能，按需升级和快速迭代，具有可扩展性、按需使用的及时性、可重用性、可重构性，目标是软件定义一切，把灵活性发挥到极致。不过，网络通信系统设备中所用的大型软件可能是人类目前所能制造的最复杂的事物之一了，对于一个具有海量可能性的软件系统，你很难对所有的可能性进行测试，因为它是不连续系统。由此，我们常常会问，通信系统的软件代码量和能力，可以无限多、无限递增吗？如果是有限的，是多少？这种方式使用软件是最好的选择吗？还有没有更好、能替代软件的事物吗？

　　六是数据特征,作为一种特殊的无形资产和生产要素,数据具有流动性、可使用性、可编程性、可共享性、可交互性、可显示性、可统计性、可升级性、可重构性、开放性、多元性、可传播性、可分析性、可压缩性、可链接性、非物质性(固液气之外)、可存储性、非竞争性、非排他性、非稀缺性,大量数据和少量数据的行为存在重大差异。网络数据总量正从目前的 PB、EB 和 ZB 级快速向 ZB、YB 乃至 BB 级陡增,网络流量、存储容量、处理速度等均呈指数型增长。这些体现出近几年网络中呈现的大数据,数据之间从关注因果关系,转向更多地关注数据相关性、时效性和个性化。如何收集、存储、管理和分析数据已成为网络信息技术研究的焦点问题。比如,最近几年有专家提出,先用天文望远镜把宇宙中观测到的巨量数据都取回来,再用人工智能(AI)的办法处理这些数据,从而找出并解释暗物质、暗能量等重大问题。由此,我们会问,人类通过 AI 处理大数据的量,可以无限多、无限递增吗?如果能力有限,那是多少呢?还有比数据更好的事物来担当此项工作吗?

　　七是带宽特征,按照库伯定律,在给定无线频谱中传送的信息量每两年半翻一番。互联网上每秒比特的传送量每 16 个月翻一番。从 1982 年到 2022 年,单波商用系统增长超过 20 万倍。如果算上波分复用,则增长超过 600 万倍。一般认为,骨干网光纤传输带宽每 9~12 个月翻一番。目前 5G 商用系统空口速率与 30 年前相比,速率增长约 10 万倍。连接带宽将呈 Gbps→Tbps→Pbps→Ebps→Zbps……的发展趋势,连接带宽还将继续呈指数型增长。据此,我们会问，网络传输带宽可以无限递增吗？如果是香农限，那是多少呢？以无线的带宽+传输距离为例，传输距离最大能达到多少？再以光纤通信的带宽+传输距离为例，传输距离最大能达到多少？为什么？香农限能否被突破？带宽可以被更好的事务代替吗？

八是虚拟特征，主要指网络空间(Cyberspace)，体现出无质、无实体、无界特征。Cyberspace 已成为各国竞争博弈的新领域、新空间，网络(虚拟)空间已成为继陆、海、空、天之后人类第五疆域和战略空间，制网权与制海权、制空权、制天权同等重要，网络空间已成为各国争夺的焦点。自然界和人类社会的很多重要功能，不断向虚拟空间转移，实现非物质化或减物质化。Cyberspace 资源越用越丰富、"地盘"越开发越大。由此，我们会问，网络空间可以无限大吗，界限是什么？网络空间的有限性究竟是什么？网络空间的本质是什么？网络空间与人类物理空间的本质区别是什么，两者能无缝打通吗？

九是数字特征，主要由模拟量刻画的物理世界正逐步完成数字化，这是信息社会最基础的部分(类似两千多年前"度量衡及其统一")，是自然世界和人类社会与网络化并驾齐驱的一次重大转型，将网络资源和计算资源延伸到世界的任何地方，通过模数和数模转换打通数字和模拟两个世界。从数字化(后续是网络化和智能化)开始直到智能化高级阶段，所有传统事物将被重新定义。近 50 年的核心科技事件是对信息的颠覆，如果宇宙中所有的事物都将被数字化了，合适吗？负面影响是什么？数字化能被代替吗？还有比数字化更好的事物吗？至少，缩小数字鸿沟、避免数字垄断、保护个人隐私和确保信息安全是特别需要强化的。

十是微型特征，网络通信的各类元器件普遍朝着微小型化方向发展，集成度不断提高，功能不断增加，能耗不断降低，重量不断减轻，尺寸不断缩小，价格不断降低。过去 50 年摩尔定律一直推动集成电路产业持续发展，现阶段看，晶体管微小型化的平面布局正逼近物理与工艺极限，摩尔定律的趋势也将放缓或变轨，急需新的方法和手段实现突破。工程科技问题：物理理论的极限在哪里？芯片制程的极限在哪里？电子元器件尺寸的极限在哪里，为什么？依靠什么突破，如何突破？硅能被更好的材料替代吗？更好材料是什么？

工程科技问题：上述十大技术特征的本质区别是什么？它们之间的相互联系又是什么？这十大技术特征与网络基础理论的对应数学关系是什么？目前存在着用户体验、复杂性、巨容量、高可靠、低能耗、低成本等重要挑战，这些挑战的极限是什么？

网络通信技术(如网络带宽、芯片内的晶体管数量和软件代码数等)经过几十年的指数级增长之后，在未来二十年前后会碰到七大"技术墙"，包括移动通信技术墙、IP 数据通信技术墙、光纤通信技术墙、集成电路技术墙、软件复杂性技术墙、大数据处理技术墙和能耗技术墙。这七个"技术墙"相对独立、相互影响又自成体系。急需原理性的重大突破以支撑网络通信技术后续再次实现大的飞跃。

一是移动通信技术墙，近二十年来无线通信理论缺乏革命性的重大突破，已成为移动通信技术进一步发展的瓶颈，在中低频段无线频谱资源正日趋枯竭(1st W，方向一的技术墙)和网络带宽急需进一步大幅提升的背景下，期待新的手段、理论和技术创新带来移动通信技术的下一轮跨越发展。

二是 IP 数据通信技术墙，数据通信自 TCP/IPv4 核心技术体系确立以来，基础技术没有本质性突破，互联网 IPv4 地址耗尽、TCP/IPv4 架构面临可扩展性、服务质量保证、安全性、可管理型和进一步承载互联网的千亿级或万亿级万物互联和巨大流量的挑战(2nd W)，重要安全事件的溯源是难点，亟须加快新一代互联网技术的研究进程。

三是光纤通信技术墙，按照每 9~12 个月传输带宽提升一倍的目标，光纤通信努力了五十年。近十年来光纤通信容量增速已远落后于互联网流量增速需求，其传输容量进一步提升遭遇光电器件和光纤非线性的限制(3rd W)，预计未来二十年前后将出现网络传输容量危机，光纤通信急需突破性的理论和颠覆性创新。

四是集成电路技术墙，过去五十年摩尔定律一直推动着集成电路的持续发展，现阶段看，晶体管微小型化的平面布局正逼近物理与工艺极限，产业技术发展趋势将放缓或变轨，进入后摩尔时代，急需新的方法和手段实现突破。但集成电路不断增加集成度和速度，不断微小型化、降低成本和功耗的趋势不会改变。

五是软件复杂性技术墙，目前大型网络通信软件系统代码数量早已远超过一千万行，还有多大升级空间？假定继续按照每两年翻一番发展，2040 年软件系统上可容纳 1 千万万行代码，是今天数量的 2 千倍。未来二十年后很难

(按原软件编程方式)再维系原来的代码规模增长速度(5th W)，要么(原方式)减缓，要么改变增长方式，急需新的重大理论创新。

六是大数据处理技术墙，大数据一般具有体量大(Volume)、多样性(Variety)、及时性(Velocity)、价值大(Value)等特点，人们从关注因果关系，转向关注相关性、时效性和个性化等方面。随着网络数据总量从目前的 PB、EB 和 ZB 级快速向 ZB、YB 乃至 BB 快速跃升，用传统思路和方法处理大数据早已力不从心，海量信息让我们无所适从(6th W)，急需新的原创性重大突破和创新手段，大幅提高处理能力和解决互通性是努力的方向。

七是能耗技术墙，现有网络设备随着容量不断增大，功能增多，功耗越来越大，依靠风冷等传统手段已难持续，一个大型数据中心的耗电超过中小国家，网络上端到端每比特信息传输能耗也将遭遇瓶颈(7th W)，绿色节能及不断降低功耗的趋势不会改变。

目前看，推动未来二十年前后网络通信持续发展的重要方向是这个超大组织的人工智能化，这将进一步加速十大技术特征的演化进程。未来二十年，网络通信的人工智能化将集云网、感知、大数据和算法于一体(不需要像机器人那样面对压力、运动、重力、高低温、水下、纳米等繁杂恶劣细节，暂不需要人类的核心认知功能等)，自感知、自适应、自学习、自执行、自演进，以网络为基础的群智应用(网络+AI)将成为重要趋势[9]。《Science》2016 年 1 月发表"群智的力量"(The Power of Crowds)，文章提出：利用群体智慧与机器性能结合来解决快速增长难题。没有任何令人信服的证据证明，机器将永远无法企及人类水平的智能(《智能的本质》，皮埃罗·斯加鲁菲)。

有专家预测，2029 年，机器智能将与人类匹敌；2030 年，人类将与人工智能一体化；2045 年，人与机器将深度融合，奇点来临(指机器比人类聪明的时代来临，引自《人工智能的未来》，雷·库兹韦尔)。到那时，人类将通过"人的全能化"和"机器智能化"的双向整合，被重新定义，具有解决人类最关心的诸如个人问题、人际问题、社会问题、政治问题、经济问题等能力的可能。人类将达到全面发展，可以充分发挥自己的潜能，而且人也可能"长寿"甚至"永生"了！持这一看法至少有五个前提：第一，人工智能正在并已产生卓越成果；第二，技术进步正不断加速；第三，人类正帮助机器创造超越人类的智能；第四，人类将从比我们聪明的智能机器中受益；第五，通过图灵测试的机器有可能比人类更聪明。

然而，全机器智能不符合哥德尔不完备定理(引自《计算机和常识》和《心灵、机器与哥德尔》)，阿隆索·丘奇把哥德尔不完备定理延伸至计算机领域(引自《智能的本质》)，任何一个形式系统中总存在不能由公理和步骤法则证明或伪证的命题(《皇帝新脑》，罗杰·彭罗斯)。也有专家认为，人工智能很难达到奇点。原因是：第一，人类不会将权力拱手让给比他聪明的"候选人"；第二，机器也不会不受财政和资源限制；第三，聪明的机器人要管理好 79 亿人中的最优秀者，是相当困难的事；第四，即使能够精确复制人脑信息，也只是克隆，并不能实现意识转移(引自《2040 大预言》，彼得 B·斯科特·摩根)。"鼠标发明人"

道格·恩格尔巴特生前一直倾向于使用"增智"而不是"人工智能",认为机器会让我们的智能更强大。

现阶段人工智能做得比较好的是处理确定性的封闭化、特定化问题,主要在机器学习(深度学习)和符号表示与推理等方面,比如下围棋本身就是一种典型的问题空间表达与搜索问题。一旦计算机智能与人类相比拟,以其容量、速度、记忆、搜索、精度等优势,可以想象,就可能有超过人类智能水平的时刻! 假如真的到了那一天,那么这种机器很可能所向披靡。

1.2 技 术 创 新

从技术发展上看,网络通信先后经历了模拟、数字、互联网和移动互联四个阶段。如图 1.1 所示,其发展趋势是 3n-abc,即"3"指人-网-物三元千亿级万物互联(连接整个世界,5G 全覆盖和千兆接入)以及与各行业各技术的深

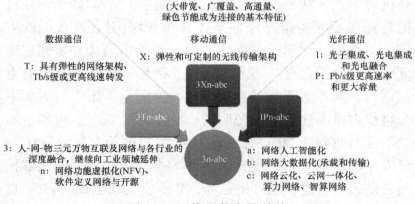

图 1.1　网络通信发展趋势

度融合，"n"指网络功能虚拟化、软件定义网络与开源(NFV/SDN/OpenSource)，"a"指网络的万物互联与技术融合以人工智能方式实现，"b"是网络的大数据化，"c"是指网络的云化，大带宽、广覆盖、高通量、微小型化、绿色节能成为连接的基本特征，所有的服务以用户为中心[10]。

一是无线移动通信向"5G/6G"方向发展，发展趋势是3Xn-abc，"X"是指具有弹性的网络架构，包括具有更高速率(1Gbps以上)、更广覆盖、更大规模连接、更低时延(毫秒量级)、更高可靠、更微小型化和更低功耗等。现阶段5G/6G基带芯片、射频前端和接收器件、高端处理器芯片和实时嵌入式操作系统是研发难点。除满足移动互联网业务十年一千倍的扩容需求、高可靠低时延通信、开放网络架构重构、灵活的端到端切片、多形态定制终端之外，其应用范围从目前的人-网通信拓展至人-网-物三元协同通信、算网融合、超密集物联网、车联网以及工业互联网等更为广泛的领域，物联网、太赫兹通信、大规模天线、频谱共享、可穿戴设备联网、人工智能、机器人、无人驾驶交通工具、智慧城市、边缘计算、数字化身份等新兴技术不断涌现。具有标志性的、不可替代的杀手级应用是5G技术成功与否的关键。随着5G移动网络加速构建，6G研发将加速布局，将从发展愿景、网络需求、体系架构、关键技术等方面开展深入研究。

二是IP数据网将向"Tn-abc"方向发展。即向"Tbps级或更高"线速转发，向网络功能虚拟化、软件定义网络与网络软件开源方向发展，向数据网络的"abc"方向演进。现阶段T比特线卡所用的核心器件、P比特级交换芯片和高速处理器芯片是研发难点。IPv4 会向 IPv6 过渡。互联网将向制造领域延伸，工业互联网逐渐普及。IP 数据网将逐步向网络资源虚拟化、网络功能虚拟化、网络运营虚拟化转型；向网络业务开放、网络资源开放、网络技术开放与开源转变；网络软件化、柔性化、微小型化等不断推动网络体系架构和转发机理创新，推动网络编址与路由的可扩展性、可管理性和安全可信性创新，推动核心芯片和网络操作系统创新。现阶段重要安全事件的溯源是网络监管难点。IPv6 根服务器研究不断加强，互联网进入"后 IP"时代已是大势所趋，发展新一代互联网技术、突破 TCP/IPv4 协议局限、构建未来网络、实现智能化、开放和开源平台，自适应安全架构和工业互联网体系是业界努力的方向，推动网络不断走向开放、智能、泛在、融合、软件开源、硬件开源，未来网络、信息溯源与挖掘、太空互联、数字化家庭、4K/8K 超高清视频、VR/AR、3D 打印、数字化身份、区块链、量子计算、普适计算、边缘计算、类脑计算、脑机接口、认知计算、协议重构、DNA 存储、信息物理系统(cyber physical system, CPS)、全维可感知、3D 视频、自感知与自免疫、端到端与全节点等级防护、全民无限存储、神经技术等相继出现。

三是光纤通信将向 IPn-abc 方向发展，即向光电集成("I")及硅基集成方向发展，向"Pbps 级"高速率、大容量和多维并行复用方向发展，向网络功能虚拟化、软件定义光网络与光网络软件开源方向发展，向光网络的"abc"方向演进。现阶段围绕超高速、超大容量、超长距离光纤传输的集成光芯片、光电集成芯片、数模/模数转换

(AD/DA)和数字信号处理(DSP)是研发的难点。光连世界,多维光连(长途、城域、接入、数据中心光互联、短距、架间、板间、芯片间、芯片内等),"光"像水、电一样被老百姓大量使用,具有微小型化、普遍性、必不可少、便宜、随时随地等特点,是光通信的社会趋势。光互联份额将逐步超过传统电互联,光互联距离呈指数级减小,从架间向板间、片间甚至片内延伸,而光互联数量却呈指数级增长。Pbps 级超高速骨干光传输、Tbps 级超低成本城域光传输、多元化广覆盖低成本超宽带光接入、超低时延、超高精度时间同步传递、硅光集成与光电集成、网络功能虚拟化与软件定义光网络、多维复用、全光网、超低损光纤、海缆系统、光纤传感、海洋监测网、空间光节点、深海光节点和陆海空天光网络是目前技术创新的着力点,纳米激光器、光存储、原子光开关、忆阻器、量子通信、纳米技术、石墨烯及其互补式金属氧化物半导体(CMOS)、碳纳米管、微纳技术、光场显示、动态可重构和片上网络技术、数据率大于 100Gbps 的 CMOS 高速互联、3D 集成电路设计等新技术不断走向前台。光纤接入会向单波长 50G-PON(G.hsp)、多波长 25G-EPON(802.3ca)等更高速率 PON发展。此外,随着网络通信技术的发展,特别是云计算、大数据、人工智能和新型数据中心的完善和大量应用,将有效推动网络通信向超宽带"云"网络发展,IT 与网络通信技术将加速融合。

1.3　产　业　发　展

总体上看目前全球通信设备产业发展已进入成熟期,

市场规模增长逐渐趋缓。下一步网络通信产业面临千亿级万物互联和网络架构重构的变革，将会影响产业发展模式及生态环境。一是以开放重构和开源软件为主导，牵引"标准化硬件+系统架构重构及网络功能虚拟化"的产业布局正加速形成，开源模式软硬件架构正逐步影响主流，网络"定制服务"模式将向网络通信运营延伸；二是产业竞争形式正由产品、工程应用竞争转向全方位满足用户需求的产品定制和差异化服务体验竞争，不断满足用户潜在的、深层次需求成为必然。一个开放式软硬件平台生态系统正在网络通信领域形成，并将催生出各种新的生产、服务和商业模式。

由于 5G 具有很强的产业带动性，各国争相加速商用步伐，产业发展迅猛。2016 年美国发布 5G 高频频谱规划，AT&T 于 2018 年底在美国 12 个城市推出 5G 毫米波移动宽带服务。2018 年 6 月韩国拍卖 3.5GHz 和 28GHz 频段频谱，已于 2018 年 12 月启动 5G 商用服务。全球各国积极推进 5G 发展，截至 2021 年底，超过三分之一的国家/地区进入 5G 时代。全球 76 个国家和地区的 194 家网络运营商开始提供 5G 业务，预计 5G 网络人口覆盖率超过 23%，5G 用户数超过 6 亿，5G 终端已发布 22 类共 1257 款，其中手机终端占比接近 50%。5G 已成为有史以来发展最快的一代移动通信技术。从商用网络部署速度、基站出货量、终端款式、用户数等方面看，5G 发展速度相比 4G 更快。商用后的两年时间，4G 商用网络共有 46 个，5G 商用网络达到 200 个；5G 基站出货量是 4G 的 10 倍以上；5G 商用终端发布款式达 1257 款，是 4G 的 4.6 倍。以全球用户规模发展到 5 亿计算，4G 用时 6 年，5G 仅用时 2 年。全球各地区 5G 网络建设推进速度不一，截至 2021 年 11 月，韩国已建成 5G 基站约 18.3 万个，中、高频 5G 网络覆盖稳步推进，人口覆盖率达到 98%；美国高频段 5G 网络覆盖范围有限，中频网络建设受阻，运营商多采用低频频谱部署全国性 5G 网络，网络速度有一定局限性；日本 5G 商用较晚，截至 2021 年 11 月底，日本 5G 基站总数超 3.5 万个。同时，5G 国际标准仍在不断演进，2020 年 7 月，5G 第一个完整标准版本 3GPP R16 冻结，3GPP 进入 5G 第二阶段标准制定工作，主要解决增强型移动宽带(enhanced mobile broadband, eMBB)性能提升、低时延高可靠物联网等标准化问题，同时提升在垂直领域的技术支撑能力，如工业互联网、车联网等，到 2022 年中 R17 版本冻结。2021 年 4 月，3GPP 将 5G 演进命名为 5G-Advanced，并将 R18 作为 5G-Advanced 的第一个标准版本，正式开启了 5.5G 的标准化工作。

参 考 文 献

[1] ITU. 2021 global and regional ICT estimates [R/OL]. 2021. https://www.itu.int/en/ITU-D/Statistics/Pages/stat/default.aspx.

[2] World Bank. 2009 Information and communications for development: Extending reach and increasing impact[J]. World Bank Publications, 2010, 30(1):1-5.

[3] 余少华. 工业互联网联网后的高级阶段：企业智能体[J]. 光通信研究, 2019, (1): 1-8.

[4] 中国信息与电子工程科技发展战略研究中心. 中国电子信息工程科技发展研究(综合篇 2020—2021)[M]. 北京: 科学出版社, 2021.

[5] 余少华. 网络强国与提速降费布局大幅提升宽带能力[N]. 中国电子报, 2017-03-07(5).

[6] 余少华. 数字化网络化智能化进程加快 网络通信技术呈十大特征[N]. 中

国电子报, 2018-08-14(7).

[7] 陈亮, 余少华. 5G 端到端应用场景的评估和预测[J]. 光通信研究, 2019, (3): 5-11.

[8] 余少华. 网络通信技术的十大特征[N]. 人民邮电报, 2018-08-16(5).

[9] 余少华. 未来网络的一种新范式:网络智能体和城市智能体(特邀)[J]. 光通信研究, 2018, 210(6): 5-14.

[10] 余少华. 网络通信七个技术墙及后续趋势初探[J]. 光通信研究, 2018, 209(5): 5-11, 28.

第 2 章　我国发展现状

根据最新数据，我国固定互联网宽带接入用户全球占比为 40.9%，固定电话用户全球占比为 21.4%。我国网络零售交易额规模已位居世界第一。2021 年我国电信业务总量达 1.7 万亿元，同比增长 27.8%。电信业务收入累计完成 1.47 万亿元，比上年增长 8.0%。2021 年，我国固定通信业务收入完成 5382 亿元，比上年增长 15.4%，在电信业务收入中占 36.7%，占比较上年提高 2.2%；我国移动通信业务实现收入 9268 亿元，比上年提高 4.2%，在电信业务收入中占 63.3%。2019 年，我国话音业务收入完成 1622 亿元，同比下降 15.5%，在电信业务收入中的占比降至 12.4%，比上年下降 1%，呈明显下降趋势。2021 年，我国固定数据及互联网业务收入完成 2601 亿元，同比增长 9.3%，在电信业务收入中占比由上年的 16.6%提升到 17.8%；移动数据及互联网业务收入 6409 亿元，比上年增长 3.3%，在电信业务收入中占比较去年下降 2%。IPTV 业务用户数 34852 万户，比上年增长 10.6%；物联网终端用户数比上年增长 23.2%(引自工信部数据[1])。这几十年来，无线带宽上升了十万倍，光纤带宽提升了百万倍，我国集成电路尺寸缩小了一万倍，性能提高了十万倍，成本降低了千万倍，软件代码量增长了十万倍。

2.1　前沿创新

近年来，我国网络通信技术正加速由跟随模式向创新驱动转变，突出理论基础创新，关键技术研究不断冲击国际先进水平，取得了一系列突出成果。一是数据通信领域紧扣全球未来互联网体系架构研究最新进展，自主提出了多个未来网络的体系架构和系统理论，包括未来网络平台上的创新、全维可定义网络体系架构和基线技术等，构建了未来网络小规模试验验证平台；二是移动通信领域的基础研究与世界先进水平基本并驾齐驱，在密集组网、高通量协作组网、无线接入网络虚拟化等 5G 新型网络构架研究方面取得重要进展，攻克大规模天线阵列、信道编码、高效协作传输等一批 5G 无线传输技术；三是光纤通信领域逐步打破美日欧对基础原创性技术的知识产权垄断，超高速率超大容量超长距离光传输试验取得重要突破，量子密钥分发传输基础实验及应用示范取得进展，量子计算原型机研制和量子优越性实验有所突破。同时需要指出的是，虽然我国通信网络设备与系统性关键技术研发方面已整体步入国际先进行列，但在高端核心芯片与器件、关键材料和高端工艺装备、操作系统等方面存在明显短板，正逐步克服和改善。在战略性的超前研究、基础理论、系统与概念创新方面仍相对薄弱，国家网络信息安全与信息产业安全受制于人的局面正在逐步克服和改善中。

2.2 技术创新

网络通信领域已成为我国技术自主创新的典范,取得了一批具有较大影响力的创新成果,初步实现了技术发展由跟跑与部分并跑到部分并跑与少量领先的突破,正在成为全球技术方向的重要并跑者。一是数据通信技术创新能力显著增强,主导完成了百余项 IETF、ITU、ONF 等国际标准,在工业互联网、路由协议、SDN、NFV、深度包解析、大数据驱动的网络等领域取得重要进展;二是光纤通信技术已成为我国与世界先进水平最接近的高新技术领域之一,光网络系统设备和光纤光缆份额占全球一半,接入网系统设备份额达到全球 3/4,国内海缆系统全球份额逐步扩大,牵头制定城域传送网(metro transport net, MTN)、面向 5G 前传的 O 波段波分复用标准(G.owdm)和 50G PON 超宽带光接入等国际标准,积极在各大开源组织贡献软件定义光网络的研究成果;三是移动通信产业的自主创新能力和全球影响力显著增强,主导完成 1/3 以上 LTE 相关立项和标准制定,5G 领域在 3GPP 投票权占 23%,牵头项目超过 45%,标准文稿占比 35%。我国于 2013 年成立了 IMT-2020(5G)推进组,支撑新一代移动通信技术研发和国际标准制定。在 3GPP 等国际组织的 5G 需求与网络架构制定上发挥重要作用,部分技术已被采纳。2019 年 6 月,我国已启动 5G 商用部署,目前正在全国加速推进 5G 网络建设。总之,5G 移动通信网及物联网、下一代互联网、T 比特超高速光网络、移动互联网、6G 研发、未来网络等新方向快速发展，高速宽带、智能融合和窄带物联网等新型基础设施加速构建。

2.3 产业发展

2021 年，全国规模以上电子信息制造业增加值同比增长 15.7%，增速创下近十年新高，较上年加快 8.0 个百分点，增速比同期规模以上工业增加值增速高 6.1 个百分点。2021 年，规模以上电子信息制造业企业出口交货值比上年增长 12.7%，增速较上年加快 6.3 个百分点[2]。我国网络通信制造业走出了一条从引进吸收到创新跨越的发展之路，已基本形成一个产业链齐全、先进自主的网络通信产业体系。部分系统整机设备产品研发能力强，产业规模超过发达国家，出口份额全球第一，光传输系统和光接入系统实力最强，移动通信次之，路由器交换机(数据通信设备)稍弱。高端核心器件和操作系统软件仍是薄弱环节，自主的核心技术大多处在价值链中低端。一是数据通信领域正重点突破高端核心路由器与交换机产品，400G/1T 核心路由器达到全球先进水平，同时布局下一代路由器架构研发；二是光纤通信领域正在积极开发 400G/1T 及更高速率的超高速光纤传输设备及大容量组网设备，在光网络智能化、灵活性方面取得显著提升，同时面向 5G 承载，已研制出新的超大容量、超低时延和灵活组网的新体系；三是移动通信领域，我国企业在 5G 整机设备的技术、专利、标准、产品方面位列国际第一梯队，但射频器件、基带处理芯片、通用数字芯片、通用 CPU 和操作系统等核心技术能力急需提升。我国在 5G 关键芯片、核心器件研发投入不断增加，正积极推进 5G 增强技术的研发试验。

2.4　机　遇　挑　战

2020 年中国数字经济总量已达 39.2 万亿元，占当年 GDP 的 38.6%。国际上 5G 部署已进入商用关键期。日本的频谱分配计划 2018 年底前完成。日本和欧洲已在 2020 年开启 5G 商用服务。欧美日韩等运营商正积极开展人工智能、大数据、云计算、工业 4.0、工业互联网、高清视频、车联网、虚拟现实等业务探索。2021 年中国建成并开通 5G 基站累计为 142.5 万个，全年新建 5G 基站超过 65 万个；我国 5G 基站总量占全球 60%以上，每万人拥有 5G 基站数达到 10.1 个。随着全球信息技术变革加速和国际产业格局的调整，以及我国网络强国、制造强国等深入实施，我国网络通信产业迎来了快速发展的新阶段，存在一系列实现跨越式发展的条件与机遇[3]。一是科技革命和技术变革机遇：人-网-物三元万物互联，大融合、大连接、大数据、新智能，为我国实现跨越式发展提供了难得的历史机遇；二是市场潜力巨大：我国正处于完成两个一百年目标的关键时期，网络通信技术与各行业各区域的系统性融合，为我国网络通信市场提供了巨大的需求；三是产业基础雄厚：依托国内互联网、网络通信大国等领域的产业基础与资源积累，有望凭中国制造优势实现产业的进一步壮大。

同时，我国网络通信产业还面临着一些突出的问题与挑战，技术短板明显。与欧美日韩等发达国家相比，我国在高端核心器件、工艺装备、仪表、基础软件等方面能力弱，总体处于全球第二梯队偏后的位置。一是核心技术设备的对外依赖度高，高端核心芯片、工艺装备、基础软件等自给能力亟待解决；二是有世界影响力的新一代信息技术产业集群尚未形成，自主技术产业生态有待完善，单点突破尚未形成群体优势，产业配套能力有待增强；三是基础研究尚待加强，原创性、基础性、先导性的技术亟待重大突破；四是为落实国家科技强国、网络强国、制造强国、提速降费系列目标，对网络技术创新提出了更高更严更急迫的要求。五是在空天一体化网络和国际通信设施等领域与国外领先水平差距明显。另外，由于个别强国将网络安全战略由积极防御转为全球威慑，导致全球网络空间对抗全面升级。网络空间已经演变为战争场所，这将是现代战争的又一次升级版，包括常规的和非常规的，战争方式出现改变，其重要战略意义已超过核武器。网络战场日益变得兼具本地化和全球化特征，网络军队与平民之间的界限越来越模糊，网战与和平的界限也模糊了，新型致命技术(如隐形无人机、军用机器人、自动化武器、网络炸弹与网络空间战结合等)较容易获得，国家重要战略和信息化设施很容易成为网络入侵和精准攻击对象。

参 考 文 献

[1] 工业和信息化部运行监测协调局. 2021 年 1—12 月通信业主要指标完成情况[EB/OL]. 2021. https://www.miit.gov.cn/gxsj/tjfx/txy/art/2022/art_5e257ff20da341dd8f7cfb6205a1c618.html.

[2] 工业和信息化部运行监测协调局. 2021 年电子信息制造业运行情况[EB/OL]. 2021. https://www.miit.gov.cn/gxsj/tjfx/dzxx/art/2022/art_0997d192

aa6f46fa8d76549f20b4e5d6.html.

[3] 尤肖虎. 网络通信融合发展与技术革命[J]. 中国科学: 信息科学, 2017, 47(1): 144-148.

第 3 章　我国未来展望

3.1　前　沿　创　新

　　以"网络强国""制造强国"和补短板为目标，布局一批基础理论和前沿技术研究。一是移动通信领域大胆探索新一代无线通信理论的突破方向，探寻"后 5G 时代"革命性技术和网络架构，开发太赫兹、可见光等新的频谱资源和手段；二是数据通信领域强化未来网络技术创新，整合各类科研项目和试验网络既有资源，加快建立国家级未来网络大规模试验床，并推进与国外现有平台的互联互通；三是光纤通信领域开展 T/P 比特级传输、硅光和Ⅲ-Ⅴ光电集成芯片、5G 光通信前传回传中传、超密集光接入、SDN/NFV、超低损大有效面积光纤、空芯光纤等面向未来的新技术研究，探索制备光纤的新型材料及工艺等。目前已开始研究 6G(第六代移动通信)、P 比特级光传输系统、T 比特级超长跨距光传输、广覆盖超大容量的新型光接入、大规模无线通信物理层技术、面向基站的大规模无线通信新型天线与射频技术、太赫兹无线通信、大规模安全可信的编址路由等。力争到 2025 年时使我国在网络通信领域核心技术受制于人的状况得到改变，力争到 2030 年时我国网络通信领域成功跻身世界领先行列，助力我国进入全球创新型国家前列。

3.2 技 术 创 新

统筹基础研究、技术研发、设备研制、平台建设与应用示范，以光网络、移动网络、IP 数据网络、卫星通信网络、移动互联网和物联网为重点，研究建立国际先进、自主可控的新一代网络技术体系和标准规范，突破 5G 增强、6G、超高速智能光传输、高速分组传输与接入、NFV/SDN、新型路由交换、中低轨宽带通信卫星等关键技术，研发新一代网络体系架构下的系列关键设备与系统，实现相关网络芯片和协议软件的重点突破及产业化，开展网络技术应用示范和试验验证，推动我国网络通信技术的整体突破。在移动通信领域成为全球技术研发和国际标准制定的主导力量之一；光纤通信产业与发达国家相比处于并跑阶段并少量引领国际前沿产业技术的发展方向；宽带卫星通信领域实现星间与星地重点突破，大幅缩小与国际先进水平的差距。

3.3 产 业 发 展

以培育新一代信息通信技术产业生态为主线，实现我国网络通信产业的跨越式发展，助力我国实现从"网络大国"到"网络强国"的根本转变。一是分别梳理出光纤通信、IP 数据通信、移动通信等核心领域的基础通用性技术、非对称性杀手锏技术和前沿颠覆性技术，制定具有针对性的发展策略，补齐核心芯片、高端装备、基础软件短板；

二是高效衔接基础研究、技术创新、工程应用，以网络基础设施升级演进和互联网应用创新为龙头，带动网络技术创新与产业发展；三是强化整个网络通信产业的横纵向合作，建立开放的产业生态体系，在开源软件社区和国际标准制定两方面共同提升全球话语权，突破行业共性关键技术；四是引导创新载体从单个企业向跨领域多主体协同创新转变，推动创新流程从线性链式向协同并行转变，激励创新模式由单一技术创新向技术创新与商业模式创新相结合转变，培育出一批有国际影响力的产业集群；五是进一步提高两化融合水平，加强信息通信技术与传统行业技术的融合创新，不断催生新的技术、商业模式和产业新方向。根据 2019 年《互联网趋势》(Internet Trends)报告，在按市值排列的互联网前 30 大公司中，美国公司有 18 个，中国公司有 7 个。而 2013 年时中国只占 2 个，美国占 9 个。

3.4 "十四五"时期发展重点

《中华人民共和国国民经济和社会发展第十四个五年规划和 2035 年远景目标纲要》[1]明确指出要加快建设新型基础设施，加快 5G 网络规模化部署，用户普及率提高到 56%，推广升级千兆光纤网络。前瞻布局 6G 网络技术储备。扩容骨干网互联节点，新设一批国际通信出入口，全面推进互联网协议第六版(IPv6)商用部署。实施中西部地区中小城市基础网络完善工程。推动物联网全面发展，打造支持固移融合、宽窄结合的物联接入能力。积极稳妥发展工业互联网和车联网。

《"十四五"信息通信行业发展规划》[2]明确指出要科学布局和推进建设以信息网络为基础、技术创新为驱动的新型基础设施,有利于促进稳增长、调结构、惠民生。重点包括以下几个方面:

1. 全面推进移动网络建设

实施 5G 网络部署工程,加快 5G 网络覆盖。优先完成中心城区、产业园区、港口、交通枢纽、高等学校、热点景区等重点区域的室外 5G 网络覆盖,面向公众用户提供边缘下行速率 100Mbps、上行速率 5Mbps 的优质网络。搭建 5G 网络质量监测和分析平台,开展质量测评,促进质量持续优化。面向行业应用需求,推动 5G 行业虚拟专网建设模式、运营服务、技术方案创新与成熟,促进 5G 行业虚拟专网规模化发展。深入推进电信基础设施共建共享,支持 5G 接入网共建共享,推进 5G 异网漫游,逐步形成热点地区多网并存、边远地区一网托底的移动通信网络格局。

2. 全面部署千兆光纤网络

实施千兆光纤宽带网络部署工程,加快千兆光纤网络部署。在城市及重点乡镇区域规模部署 10G-PON 光线路终端(optical line terminal, OLT)设备,持续开展城镇老旧小区光分配网千兆接入能力改造。按需升级家庭和企业网关设备,优化家庭室内布线和千兆无线局域网组网。开展千兆网络能力及用户体验监测评估。加强技术手段建设,形成覆盖全国的宽带网络能力和"端到端"用户体验综合监测平台,具备分区域、分时段、全网段监测能力。持续推进骨干网演进和服务能力升级。提升骨干网络承载能力,部署骨干网 200G/400G 超大容量光传输系统,打造 P 比特级骨干网传输能力,引导 100G 及更高速率光传输系统向城域网下沉,加快光传送网(optical transport network, OTN)设备向综合接入节点和用户侧延伸部署。

3. 提升 IPv6 端到端贯通能力

实施 IPv6 网络服务能力提升工程,优化基础设施 IPv6 性能和服务能力。优化骨干网、移动核心网、宽带接入网 IPv6 网络关键性能指标。加快完成现网内容分发网络 (content delivery network, CDN)节点、互联网数据中心 (Internet data center, IDC)节点、云计算平台 IPv6 改造,新建设施全面支持 IPv6。

4. 推进移动物联网全面发展

实施移动物联网部署工程,优化移动物联网网络覆盖。按需新建窄带物联网(narrow band Internet of things, NB-IoT)基站,深化 LTE-Cat1 网络覆盖,结合标准进展情况和产业成熟度,加快 5G 网络海量机器类通信(massive machine type communication, mMTC)场景建设,持续推进网络运维、监测和优化,提高网络服务水平,实现移动物联网终端连接数突破 20 亿。鼓励发展壮大移动物联网技术开发平台,进一步降低移动物联网设备的开发成本和连接复杂度。支持基础电信企业建设移动物联网连接管理平台,加强网络能力开放。引导行业应用企业搭建集成设备和数据管理、系统运维功能的垂直行业应用平台,满足差异化场景应用需求。支持新一代多平台操作系统应用及其生态建设。

5. 加快布局卫星通信

实施卫星通信建设及北斗卫星导航系统规模化应用工程，加快卫星通信建设。完善高中低轨卫星网络协调布局，实现 5G 地面蜂窝通信和卫星通信融合，初步建成覆盖全球的卫星信息网络，开展卫星通信应用开发和试点示范。建立北斗网络辅助公共服务平台，推动北斗在移动通信网络、物联网、车联网、应急通信中的应用，扩大应用市场规模。推动北斗高精度定位地基增强站共建共享。充分发挥现有通信网络基础设施规模化、网络化优势，科学制定地基增强站建设规划，提高定位数据利用效率。加强卫星频率与轨道资源管理和利用。制定相关领域卫星频率及轨道资源使用规划，加强集中统一管理，做好申报、协调、登记和维护等工作。

6. 打造全面互联的工业互联网

实施工业互联网创新发展工程，升级改造工业互联网内外网。建设高性能、高可靠、高安全的企业外网，支持工业企业运用 5G、时间敏感网络(time sensitive network, TSN)、边缘计算等新型网络技术建设企业内网。加快工业设备网络化改造，提升工业数据采集和互通能力。打造 150 个企业内网升级改造标杆，在 20 个重点行业打造 5G 全连接工厂，建成 8 个 5G+工业互联网公共服务平台。完善工业互联网标识解析体系。提升国家顶级节点的综合服务能力，加快标识解析二级节点和公共递归节点建设和运营，二级节点达到 150 个以上，标识注册总量不少于 500 亿。

7. 加快车联网部署应用

加强基于蜂窝车联网(cellular vehicle to everything, C-V2X)的车联网基础设施部署的顶层设计，"条块结合"推进高速公路车联网升级改造和国家级车联网先导区建设。协同发展智慧城市基础设施与智能网联汽车，积极开展城市试点，推动多场景应用。推动 C-V2X 与 5G 网络、智慧交通、智慧城市等统筹建设，推动车联网关键技术研发及测试验证，探索车联网运营主体和商业模式创新。协同汽车、交通等行业，推广车联网应用，加速车联网终端用户渗透。

参 考 文 献

[1] 第十三届全国人民代表大会第四次会议关于国民经济和社会发展第十四个五年规划和 2035 年远景目标纲要的决议[J]. 中华人民共和国全国人民代表大会常务委员会公报, 2021(3): 428-502.
[2] 工业和信息化部. "十四五"信息通信行业发展规划[Z]. 2021.

第4章 我国热点亮点

这里从技术及应用的角度，将网络通信领域划分为移动通信、数据通信、光纤通信三大基础网络技术，工业互联网、车联网、移动互联网、物联网四大应用服务范畴分别阐述。

4.1 移动通信

截至 2021 年底，我国固定电话用户总数达到 1.81 亿，减少 121 万户。移动电话用户达总数达 16.4 亿，净增 4875 万户，移动电话用户普及率达 116.3 部/百人，高于全球的 104.3 部/百人，同比上年提高 2.4 部/百人。4G 和 5G 用户分别达到 10.69 亿户和 3.55 亿户，占移动电话总用户数的 86.7%(引自工信部数据[1])。

4.1.1 技术进展

移动通信先后经历了模拟、数字、多媒体、移动超宽带四个阶段。我国无线移动通信技术先后经历了 1G 空白、2G 跟随、3G 突破、4G 并行(与国外先进水平同步)、5G 引领五个阶段。从 1G 到 3G 主要面向个人通信，4G 开始往物联网扩展，5G 全面部署物联网，并面向车联网等产业和社会管理等方面。2021 年全球移动用户超过 53.1 亿户，4G

网络规模稳步增长，四百多个 LTE 商用网络已部署在一百多个国家和地区，5G 网络加快商用部署，成为全球产业热点。5G 具有更高速率(1Gbps 以上)、更大容量、更低时延(1ms 量级)、更高可靠和更低功耗等特点，成为未来连接人与人、人与物、物与物的基础通信方式。5G 愿景与关键能力需求已确定，支持增强型移动宽带(eMBB)、超高可靠超低时延通信(ultra-Reliable and Low latency Communications, uRLLC)和海量机器类通信(mMTC)三大场景，并确定了用户体验速率、时延、连接数密度、移动性、峰值速率等指标。5G 核心网的演进有可能采用统一的互联网/移动网架构(包括命名、授权和移动性管理)，分布式控制，支持基站、接入点(AP)的即插即用以及扁平化网络等。

　　2017 年底，3GPP 发布了 R15 非独立组网标准，重点支持增强移动宽带业务，5G 基站与 4G 基站或 4G 核心网连接，用户通过 4G 基站接入网络后，5G 新空口和 4G 空口共同为其提供数据服务，4G 负责移动性管理等控制功能。2018 年 6 月 3GPP 发布了支持独立组网的 5G 国际标准，支持增强移动宽带和基础低时延高可靠业务，基于全服务化架构的 5G 核心网，5G 基站可直接连接 5G 核心网，能提供网络切片、边缘计算等新应用。2019 年发布的 R15 第三阶段标准完成更多组网架构，支持 4G 基站接入 5G 核心网。2020 年 7 月，3GPP 宣布 5G R16 标准冻结，标志 5G 第一个演进版本标准完成，R16 标准在 R15 的基础上，将进一步增强网络支持移动宽带的能力和效率，同时扩展支持更多物联网场景。5G 技术标准仍在演进和完善阶段，当前正在制定的第三版本标准为 Release-17(R17)，计划于

2022 年 6 月发布。我国从 5G 需求、概念阶段就参与国际标准研制，并积极推动需求研究成果的国际标准化。我国在 5G 大规模天线、先进编码、新型多址、网络架构等关键技术研发上取得诸多突破，为我国引领 5G 国际标准发展奠定了基础。截至 2021 年 11 月 9 日，全球共 83 家企业声明了 59958 件 5G 标准必要专利，我国占比达 38%，居全球第一位。同时，我国正持续开展 5G 增强(5G-Advanced)技术研发，加强 5G 增强关键技术研究和国际标准研制，确保我国 5G 技术标准的持续主导。

　　在频谱方面，2017 年 11 月我国发布了用于 5G 的中频规划，明确了 3.3～3.6GHz 和 4.8～5.0GHz 共计 500MHz 用于 5G。2018 年底我国已经完成了 5G 中频段频谱规划，并积极开展毫米波频谱研究；目前我国 5G 网络已全面商用部署，并在不断加快进程。在 5G 应用方面，我国整体处于起步阶段。2021 年 7 月，工信部联合中央网信办、发展改革委等九部门发布了《5G 应用"扬帆"行动计划(2021—2023 年)》，为 5G 深入赋能千行百业奠定了坚实的基础。据统计，2021 年第四届"绽放杯"5G 应用征集大赛共收到超过 1.2 万个创新应用项目，其中工业互联网、智慧园区、智慧城市、智慧医疗和文化旅游领域的参赛项目接近六成。根据中国信息通信研究院的数据，2020 年 1～12 月，国内市场 5G 手机累计出货量 1.63 亿部，占比为 52.9%，标志性的杀手级应用是 5G 技术成功与否的关键[5]。

　　随着 5G 的全面商用部署，国内外厂商纷纷加快研发推出商用产品。对于宏站、室内微站，2.6/3.5GHz 已实现现网部署，4.9GHz 频段也已有产品。国内厂商已推出了宏站、小站和微站等多种产品形态，支持室内室外场景。国际上已发布 1.2Gbps 第二代千兆级 LTE 调制解调器芯片，射频前端和接收机芯片已发展到支持 16QAM、QPSK 20MHz 带宽，商用 GPU 已发展到 2PFLOPS、512GB 显存。核心网方面，我国已建成全球规模最大的 5G 独立组网(SA)，与非独立组网模式(NSA)相比，独立组网模式的网络切片、低时延等网络能力更具优势。从"卡脖子事件"可以看出关键核心技术还需补短板，特别是芯片制造，全球对于 5G 核心技术的竞争日趋白热化。

我国卫星通信技术继续保持稳步发展态势，小卫星技术、高吞吐量同轨卫星技术发展迅速，高轨和低轨卫星互联网、星间和星地激光通信受到业界广泛关注。

4.1.2　趋势预测

无线移动通信将向"5G/6G"方向发展，采用开放的 5G/6G 系统架构，3Xn-abc 是其主要发展趋势。以正交频分复用(orthogonal frequency division multiplexing, OFDM)和多输入输出(multiple input multiple output, MIMO)为核心技术的 4G-LTE 移动通信发展方兴未艾，并正作为一种基础技术逐渐扩展其应用范围。我国 4G 网络目前仍是最主要的移动通信网络，面向车联网的 LTE-V 技术标准正逐步成熟，面向小数据、大连接、广覆盖物联网应用的 NB-IoT 受到业界广泛关注，有望成为一种大范围广覆盖的物联网运营基础设施，从而为拓展基于公网的物联网应用开启全新的方向。

目前 5G 网络正在加快建设部署，5G 应用范围将从目前的人-网通信拓展至人-网-物三元万物互联、超密集连接物联网、车联网以及工业互联网等。网络端到端切片技术成为业界研究热点，以满足移动互联网和物联网业务等多样性应用需求。以 Wi-Fi 为代表的宽带无线接入技术也在向更大带宽、更高速率、更多业务方向发展，支持低时延大带宽的 Wi-Fi6(IEEE 802.11ax)已规模商用。

我国接近 80% 的陆地面积，95% 的海域为通信覆盖盲区或薄弱地区。依托近地和高轨卫星建立的天基信息网络，与地面信息网络相比，具有高、远和广覆盖特点，对于实现海上、空中以及地面系统难以覆盖的偏远地区通信有其明显优势。截至 2021 年底，全球在轨卫星数量 4852 颗，其中通信卫星 3135 颗，频率和轨位是宝贵的战略资源。我国整体处于体制设计和试验验证阶段，我国卫星互联网系统孤立、信息分离、各成体系、服务滞后是需要解决的问题。

宽带卫星市场广阔，2021 年全球新增 460 万宽带卫星通信用户，总数超过 810 万。其中，移动运营商基站中继和应急备份、机载车载船载通信、海上通信、边远地区通信、企业联网、区域性电视直播、高清视频采集和分发、个人宽带接入服务等十分活跃。面对全球卫星互联网飞速发展，未来建立星地和星星之间的大气激光通信链接，实现星与星之间，星地下行、上行高速连接成为可能。实现一星多用、多星组网、天地一体、星网一体、内外一体、通导遥一体是趋势和目标。

4.2 数 据 通 信

截至 2021 年 12 月，我国互联网网民规模达 10.32 亿 (1997 年为 62 万网民)，全年新增 4296 万，普及率为 73% (1997 年为 0.03%)，较 2020 年底提升 2.6%；截至 2021 年 12 月，我国手机网民达 10.29 亿，占全部数量的 99.7%。我国网络支付用户规模达 9.04 亿，网络购物用户规模达 8.42 亿，分别占网民整体的 87.6%和 81.6%(引自中国互联网信息中心(CNNIC)第 49 次《中国互联网络发展状况统计报告》)。截至 2021 年 12 月，我国三家基础电信企业的固定互联网宽带接入用户总数达 5.36 亿户，比上年末净增 5224 万户。其中，光纤接入(FTTH/O)用户 5.06 亿，占固定互联网宽带接入用户总数的 94.35%，较上年末提高 0.43 个百分点。宽带用户持续向高速率迁移，100Mbps 及以上接入速率的固定互联网宽带接入用户总数达 4.98 亿，占固定宽带用户总数的 93.0%，较上年末提高 3.1 个百分点。IPTV 用户总数 3.49 亿户，全年净增 3336 万，净增 IPTV 用户占净增光纤接入用户的 64.95%[1]。

4.2.1 技术进展

数据通信先后经历了分组交换、互联网和移动互联三个阶段。目前互联网的挑战主要来自安全性保证、服务质量保证、可移动性、实时性和可管理性等方面。近几年为解决网络结构僵化、复杂封闭、缺少灵活性和可扩展性、部署低效等问题，人们提出 NFV/SDN 技术，谋划从复杂封闭体系向开放的、新的开源网络架构转变，从行政管理体制向互联网思维转变，从"被动适应"向"主动、快速、灵活应对"转变。具体讲，需推动实现软件功能与硬件平台分离并解耦；软件功能云化并开源；从以中心机房(central office, CO)为中心组网转向以云 DC 为中心组网；架构统一、开放网络能力、应用灵活调用、集中管控；由运营商定义业务转向由用户定义业务；从传统供应商买卖关系转向产业链生态系统构建。其研究不断取得新的突破，标准与开源并重成为重要发展模式。目前，国际上有十几个标准化组织开展与 SDN 有关的标准化工作，比如 OpenDaylight、ONOS 和 ONAP。从 2004 年至 2016 年，谷歌数据中心开始定制开源硬件。2018 年上半年，Linux 基金会联合相关厂商发起成立 DANOS(Disaggregated Network Operating System)，以打造开放、灵活的网络控制平面。AT&T 2018 年 10 月宣布向 OCP(Open Compute Project)提交白盒基站、网关路由器的技术规范。OpenStack 的 StarlingX 边缘计算项目也正式发布。同时，Intel 的 DPDK、微软的 SONiC、Barefoot 的 P4 等关注数据平面性能的项目也受到重视。ETSI 主导 NFV 的研究。美国 2014 年启动未来互联网体系架构计划，重点聚焦于云计算、移动性、网络基础架构(基于名字的路由)等方向。以软件为中心重构、按需服务网络、数据中心重构、开源网络操作系统、开源网络硬件设计、服务定制网络、全维可定义网络体系架构和基线技术、数据驱动网络、多域网络的共存共享共用与互联互通等是目前已知的多个候选方向。最终帮助运营商网络实现运营决策智慧化、业务定制化、维护精准化和服务智能化。

　　未来网络研究积极推进，我国在理论方法创新、国际标准、应用示范等方面取得成果。我国提出"公共分组数据网 PTDN"，制定 ITU-T 系列标准，建成小规模的实验网络。我国牵头并主导完成互联网深度包解析系列国际标准，是互联网业务感知、网络感知和动态数据挖掘领域的主要技术，内容涵盖深度包解析技术和产品的各个方面。我国提出的面向服务的未来网络架构将 SDN 技术理念与内容路由机制有效结合，并构建了小规模试验验证平台。我国提出的"网络可重构"理念，从新型网络架构、编址、路由、安全和虚拟化等方面进行探索，形成了一批研究成果。我国企业积极参与数据通信领域国际开源组织的活动，并在其中逐渐发挥重要作用。

4.2.2　趋势预测

　　IP 数据网将向"3Tn-abc"方向发展。将呈现网络资源虚拟化、网络架构虚拟化、网络运营虚拟化；网络业务开放、网络资源开放、网络技术开放与开源；网络软件化、柔性化，数据平面可编程的特征。以 IPv4 架构为核心的互联网存在着地址数量不足、安全可信机制缺乏、服务质量难保证、网络管理能力薄弱等问题，为了实现网络可管可控、安全可信，新型网络体系结构成为重要研究方向。

　　网络体系架构正经历四大转变，即从复杂封闭体系向开放、开源的新型 SDN/NFV 云网一体化架构转变，从行政管理体制及传统组网思维向互联网思维转变，从被动适应用户和客户变化向主动快速灵活应对转变，构成网络架构各要素单元的来源从传统买卖关系向建构产业链新生态系统转变[3]。SDN/NFV、网络云化和边缘计算成为重点创新方向，推动网络不断走向开放、智能、泛在、融合。全球网络架构正从垂直架构转向水平开放，主要体现在控制与转发分离、网元软硬件的解耦、网元硬件标准化、网络的虚拟化和网络功能的虚拟化、网络的云化及 IT 化等多个方面，代表性技术是网络功能虚拟化(NFV)和软件定义网络(SDN)。SDN 标准化进展较快，已完成 NFV 需求、架构和应用场景分析。SDN/NFV 带来的云架构、硬件标准化和"白盒化"、软件代码开放与开源化对于数据网络技术方向、产业发展模式均形成很大影响。

高速率、大容量是数据通信设备的长远发展方向。在 400G 设备开始现网部署后，1P 设备将逐步推出(国际上 12.8Tbps 单芯片路由交换系统已实现量产)。我国将加强大容量集群路由器开发，逐步扩大高端路由器市场，通过参与标准化制定和开源社区力度提升国际话语权与技术主导权。

4.3　光纤通信

2021 年，新建光缆线路长度 319 万公里，全国光缆线路总长度达 5488 万公里。互联网宽带接入端口"光进铜退"趋势更加明显，截至 2021 年 12 月，互联网宽带接入端口数达到 10.18 亿个，比 2020 年末净增 7280 万个。其中，光纤接入(FTTH/O)端口比 2020 年末净增 8017 万个，达到 9.6 亿个，占互联网接入端口的比重由上年末的 93%

提升至 94.3%。xDSL 端口比上年末减少 21 万个，总数降至 283 万，占互联网接入端口的比重由 2018 年末的 1.9%下降至 0.27%。我国固定电话用户总数 1.81 亿户(全球占比为 21.3%)，比上年减少 121 万户，普及率为 12.8 部/百人(引自工信部数据[11])。

4.3.1　技术进展

　　光纤通信系统的复用技术目前主要有时、频、空三个维度，具体有时分复用(time division multiplexing, TDM)(准同步数字体系(PDH)、同步数字体系(SDH))、统计复用(statistical time division multiplexing, STDM)(IP 化传送、分组传送网(PTN)等)、波分复用(wavelength division multiplexing, WDM)以及空分复用(space division multiplexing, SDM)四大方式。光纤通信向单信道速率 1Tbps 演进，单纤容量向 100Tbps 发展，已接近普通商用单模光纤传输系统的香农极限。未来，光纤通信将由 Tbps 级向 Pbps 级，甚至 Ebps、Zbps 级演进，将主要依赖于空分复用技术[7]。

　　国内外光通信研究进展显著，传输带宽基本上按照容量十年一千倍扩容进行。地面通信网均建立在光传送网基础上，移动通信网除了接入段外也都基于光传送网络，光网络技术已经成为衡量一个国家综合实力和国际竞争力的重要标志，光电器件是光网络系统的核心技术。目前实现单波长 1T、单纤 100T 是热点的系统实验。当前 400Gbps光纤传送技术已成熟商用，业界正在制定 400Gbps 以上速率国际标准。10G PON 技术已经十分成熟，目前正在进入快速商用部署阶段。国内领先、国际率先发布了单波长 50G

PON 样机，预计 2 年到 3 年后开始商用。SDN/NFV 和光网络云网一体化对光通信的影响逐渐显现，光网络的智能化水平日渐提升，出现较快发展态势。硅光子集成和 Ⅲ - Ⅴ 材料集成技术研发加快，无源光器件集成得到大量开发，25G 有源集成光调制器/探测器等取得突破。

近几年，我国光通信技术由跟随模式向创新驱动快速转变。2016 年末，我国实现 200Tbps 超大容量波分复用与模分复用光纤传输，突破可见光空间通道互干扰高效抑制等技术，可见光实时通信速率实验提高至数 Gbps。2019 年 2 月，我国首次实现 1.06Pbps 超大容量波分复用及空分复用的光传输系统实验，传输容量提升至目前商用单模光纤传输系统最大容量的 10 倍。开发出硅基集成 100Gbps 相干调制与接收芯片，硅光调制器工作速率提升至 80Gbaud，完成 32Gbps 硅光调制器和 CMOS driver 的光电集成样片研发。

这其中从规模商用角度看，面向 100G/400G 以上速率芯片是关键，至少包括 InP 系列(高速直接调制 DFB 和 EML 芯片、PD、APD、高速调制器、多通道可调激光器芯片等)、SiP 系列(相干光收发芯片、高速调制器、光开关等芯片，TIA、LD Driver、CDR 芯片)、LiNbO3 系列(高速调制器芯片)、GaAs 系列(高速 VCSEL、泵浦激光器芯片)、Si/SiO$_2$ 系列(PLC、AWG、MEMS 芯片)等。

4.3.2 趋势预测

光纤通信将向 IPn-abc 方向发展。近几年重点研究 1Tbps 及以上速率高速光传输、5G 前传/回传和高精度同步、100G-PON 与 WDM-PON 光接入、光网络确定性传输；进一步掌握新型光纤预制棒，并在大有效面积、超低损等新型光纤制备方面达到先进水平；以硅光子为例，通过逐步掌握硅光高速调制器、硅基开关阵列、硅光芯片等关键技术，逐步解决高端芯片国产化率较低、核心技术缺失的问题。以太网传送速率在现有 10M、100M、GE、10GE、25GE、40GE、100GE、400GE 速率基础上会向 800GE 和 1.6TE 以及更高速率演进，突破单通道 800Gbps 及以上速率数据中心光互联，集成密度不低于 500Gbps/cm^2 和 1Tbps/cm^2，并添加接口通道化和网络分片等灵活承载特征，高速率、大带宽、低时延、高可靠和高安全是其主要趋势。

以 "P 比特级光纤传输、光电集成、全光互连" 为目标，我国光通信将聚焦核心技术研究，提升国际话语权，打破发达国家对光通信核心技术的垄断。目前，大幅提升传输容量的新技术和新型复用技术成为研究的重点方向。研究硅基光电集成、新型编码调制、超密集波分复用、多芯(MC)复用、少模(FM)复用等面向未来的新型空分复用技术，探索光纤新型材料、新型工艺技术，突破光子集成、光电集成核心技术，完成海缆系统、超低损光纤和超大芯径光纤的研制和生产，为打造中国光通信核心技术奠定基础。

4.4　工业互联网

工业互联网是新一代信息通信技术与工业经济深度融

合的新型基础设施、应用模式和工业生态，通过对人、机、物、系统等的全面连接，构建起覆盖全产业链、全价值链的全新制造和服务体系，为工业乃至产业数字化、网络化、智能化发展提供了实现途径，是第四次工业革命的重要基石。工业互联网以网络为基础、平台为中枢、数据为要素、安全为保障，既是工业数字化转型的基础设施，也是互联网、大数据、人工智能与实体经济深度融合的应用模式。近年来，我国工业互联网发展取得了阶段性成果，低时延、高可靠、广覆盖的工业互联网网络基础设施初步建成；工业互联网标识解析五大国家顶级节点稳定运行，建设 160 多个二级节点；有影响力的工业互联网平台企业超过 100 家，服务企业数超过 160 万家；国家级工业互联网安全态势感知平台覆盖 31 个省市自治区、14 个重点行业领域；融合应用扩展至 40 个国民经济大类。

　　网络作为工业互联网发展的基础，是构建工业环境下人、机、物全面互联的关键基础设施。通过工业互联网网络可以实现工业研发、设计、生产、销售、管理、服务等产业全要素的泛在互联，促进各类工业数据的开放流动和深度融合，推动各类工业资源的优化集成和高效配置，加速制造业数字化、网络化、智能化发展，支撑工业互联网下的各种新兴业态和应用模式。

　　截至 2021 年底，面向全产业的工业互联网高质量外网建设初见成效，已覆盖全国 374 个地级行政区(或直辖市的下辖区)，覆盖率达 89.7%，时间敏感网络(TSN)、5G、边缘计算等新技术加快在企业内网改造中应用，各地在建"5G+工业互联网"项目超过 1800 个，工业和信息化部发布

"5G+工业互联网"应用 20 个典型场景和 10 个重点行业。

4.4.1　技术进展

工业互联网网络架构 2.0 版本[5]发布,在充分继承网络架构 1.0[6]中网络互联、数据互通两大网络功能模块基础上,网络架构 2.0 升级了功能架构,新增业务架构和部署视图。架构体系方面,通过总结近年来工业互联网网络试点示范、工业互联网网络化改造案例、外网建设案例等,工业互联网网络架构 2.0 形成了可复制、可推广的网络部署视图。同时,首次将园区网络纳入工业互联网网络体系业务场景中,园区网络成为工厂内、外网区域化部署的重要方式。技术体系方面,时间敏感网络、5G 已分别成为工厂内网有线、无线网络演进的产业共识技术方向。工业光总线、灵活以太网(FlexE)切片、确定性网络(DIP)等确定性技术正加快与工业应用的结合,5G+TSN、5G uRLLC+工业控制成为解决"5G+工业互联网"深度应用的关键技术。关键技术方面,TSN 技术基本协议趋于稳定,研究重点转移到 IEC/IEEE60802 工作组开展的面向工业自动化 TSN 应用研究,以电力、车载、轨道交通、5G 等领域的 TSN 技术应用需求逐步显现,行业头部企业加大面向垂直行业的TSN 技术应用研究,国内企业发布多款 TSN 交换机、网关,多家企业正在开展 TSN 芯片研发。边缘计算从概念普及加速走向务实部署,孕育出边缘原生[7]概念,边缘原生(Edge Native)技术将与云原生技术、边缘网络技术协同化演进,拓展边缘计算技术体系。工业互联网产业联盟持续推动网络关键技术研究,先后发布《5G+TSN 融合部署场景

与技术发展白皮书》《工业光网白皮书》《工业互联网园区
终端接入自动化技术白皮书》《工业互联网 Wi-Fi 6 技术白
皮书》等技术研究成果。标准方面，2021 年 4 月，我国主
导的工业互联网标准 ITU-T Y.2623《工业互联网网络技术
要求与架构》发布，首次明确了工业互联网(Industrial
Internet)定义并写入 ITU-T 名词术语数据库。同时国内正
积极开展 TSN、边缘计算、工业 SDN、5G+工业互联网等
关键技术标准研制，2021 年中国通信标准化协会新立项
工业互联网网络技术标准项目近 30 项，报批 10 余项。

4.4.2　趋势预测

工业互联网业务不断发展创新，对网络基础设施提出
了更高的要求，融合化、无线化、智能化、归一化成为工
业互联网网络技术演进发展方向。融合化发展方向，通过
算网协同构建端边云网融合新架构，通过确定性网络技术
实现跨域端到端可靠传输，通过泛在 IP 技术推进工厂内
"两层三级"网络融合。无线化发展方向，高带宽、广覆盖
的无线技术成为建设全连接工厂的必要选择，高可靠、高
确定能力成为无线技术向工业生产核心环节延伸的关键，
以 5G uRLLC 为代表的高可靠无线技术能够解决传统无线
技术可靠性差的问题，推动无线技术逐步向工业生产现场
的各个环节全面应用。智能化发展方向，边缘智能技术支
持自感知、自学习、自执行、自决策、自适应能力，提供
分布式按需处理能力，将工业智能向生产现场延伸；云化
技术装备软硬件解耦，实现计算能力的弹性扩展，提升工
业装备的智能化水平。归一化发展方向，传统"七国八制"、

无法互通的工业以太网技术将向更大带宽、更开放的 TSN 技术融合演进，多厂家私有工业数据协议将逐步被 OPC UA、MQTT 等标准化的数据协议替代，从而打通不同厂家、不同系统构建的信息孤岛，实现全面的网络互联和数据互通。

4.5　车　联　网

我国车联网产业在政策规划、标准体系、关键技术研发、应用示范和基础设施建设等多个方面取得了积极进展，在促进汽车、交通等传统产业转型升级，以及促进形成数字经济发展的新产业集聚等方面起到积极作用。在产业规模方面，2020 年中国车联网市场规模约为 2127 亿元，占全球市场 6434 亿元的 33%，相比 2015 年占比 18%增幅明显(引自亿欧智库《2021 中国车联网行业发展趋势研究报告》)。A 股上市的车联网相关企业达 94 家，市值约 3 万亿。在道路基础设施方面，全国开放测试区域超过了 5000 平方公里，测试总里程超过了 500 万公里，全国已有 3500 多公里的道路实现了智能化升级，20 余个城市和多条高速公路总计完成了 4000 余台路侧通信基础设施部署。在智能网联汽车方面，我国 L2 级乘用车新车市场渗透率达到 20%，搭载网联终端车辆超过了 500 万辆，2020 年我国智能网联汽车的新车渗透率约为 48.8%，首次超过国际平均水平 45%(引自 IHS Markit《中国智能网联市场发展趋势报告》)。

4.5.1 技术进展

车联网关键技术涉及"车-路-网-云-图"等多个技术维度。智能网联汽车方面，先进驾驶辅助系统(ADAS)成为大量新车标配，其功能逐步向网联化融合发展，广汽、上汽、一汽红旗、蔚来等国内汽车厂商陆续发布搭载 LTE-V2X 的量产车型，并基于车联网实现前方碰撞预警、盲区/变道预警、逆向超车预警、左转辅助等功能[8]。

路侧系统与应用平台方面，以感知、计算、通信为核心的路侧系统，向硬件功能集成化、建设部署敏捷化的方向演进，路侧传感器不断向感知与计算功能一体化的形态升级，路侧融合感知系统向软硬件解耦发展。车联网平台体系包括"边缘""区域""中心"几级平台，各层级平台联合承载车联网综合数据底座、车路协同事件与消息服务等业务类功能，支撑车路协同辅助/自动驾驶应用、公共交通出行、交通管理管制等服务。同时，各层级平台协同负责路侧基础设施运维管理、车联网用户管理、平台安全管理等管理类功能。

无线通信网络包含了服务于车与车、车与路的 C-V2X 直连通信网络，以及服务于车与云、人与云和部分路与云的 5G 蜂窝通信网络。C-V2X 直连通信方面，我国主导 LTE-V2X 技术，已基于 3GPP LTE-V2X Rel-14 版本标准，形成覆盖"接入层-网络层-消息层-安全层"的完整的中国标准体系，当前主要聚焦于进一步深化和优化 LTE-V2X 应用。蜂窝通信方面，随着 5G 关键性能指标的显著提升，5G 网络从支持车载 AR/VR 等多元化信息娱乐服务，逐步向支撑车路协同应用、远程遥控驾驶等方向演进。有线通信网络则主要指路侧系统内部以及部分路与云的回传网络，可实现路侧系统与多级平台之间的信息交互，目前多采用光纤网络链路作为数据回传的关键支撑网络。

面向车联网应用的高精度定位方案通常采用相对定位与绝对定位相结合的多种技术方案，其中以北斗导航定位系统为代表的全球导航卫星系统(GNSS)是目前车联网定位的基本方式。在此基础上，可进一步融合摄像头、激光雷达、毫米波雷达等传感器以及高精度地图等技术实现高精度定位，以满足车联网及自动驾驶的应用需求。

4.5.2　趋势预测

在我国坚持"单车智能+网联赋能"的技术路线以及"积极稳妥推进车联网"的战略规划下，车联网"车-路-网-云-图"各环节技术将持续演进，并更加注重智能网联汽车、智能终端等端侧与路、网、云、图等车联网新型基础设施的协同。在终端方面，更多的智能网联汽车企业将基于LTE-V2X与5G融合的技术方案，推动红绿灯信息播发、绿波通行、闯红灯预警以及高速公路安全辅助等车联网功能规模化前装量产；智能终端上的地图导航、网约车等出行服务类应用也将快速地更新支持车联网信息服务功能，面向更大的用户规模提供车路协同的"普遍服务"。在基础设施方面，LTE-V2X直连通信的网络覆盖范围将会持续扩大，并在车联网先导区等重点城市实现全域覆盖；LTE-V2X与5G网络、回传固网融合部署与应用的方案将成为主流。路侧感知与计算系统将重点突破识别准确率和计算时延问题，力争实现95%以上准确率和100ms以内的计算时延，并逐步降低系统硬件与部署成本。车联网多级平台架构将进一步获得产业共识并在各地部署应用，与路侧系统一起实现面向智能网联汽车的更精准与可靠的"协同感知、协同计算、协同决策"的功能。基于北斗高精度定位的 N-RTK、PPP-RTK 等技术将逐步支持智能网联汽车实现车道级甚至厘米级的定位精度，从而支持车联网辅助驾驶甚至自动驾驶应用需求。

4.6　移动互联网

2021 年，移动互联网接入流量达 2216 亿 GB，比上年增长 33.9%。全年移动互联网接入月户均流量(DOU)达 13.36GB/月/户，比上年增长 29.2%；2021 年 12 月当月 DOU 高达 14.72GB/月/户(引自工信部数据[1])。

4.6.1　技术进展

以百姓为中心，世界几十亿用户群，通信模式从小众转向大众是移动互联网的重要特征。我国移动互联网近十年呈现井喷式增长，2021 年我国手机上网流量达到 2125 亿 GB，比上年增长 35.5%，在总流量中占 95.9%，APP 数量超过 252 万；5G 基站加快部署，截至 2021 年底，已建设 5G 基站超过 142 万。由于移动互联网技术和业务模式的不断创新，无论是企业、产业还是产品，都存在着变革机遇。我国很多业务模式世界领先，包括手机支付、微信和在线购物等，可能会出现一批具有核心竞争力的新型企业。在社会层面上，这改变了人际交往的传统模式；在经济层面上，电子商务和移动支付成为普遍存在，商业模式能够"比特化"的行业开始发生转变，大多数人将会在互联网上拥有一个数字式的替身，"共享经济"不断兴起。在社会管理层面上，这将促使社会治理方式的改变，社会管理模式正从单向管理转为双向互动，从线下转为线上线下双向融合，从单纯的政府管理向更加注重于社会协同的治理模式转变。

4.6.2　趋势预测

其网络技术趋势与移动通信基本相同。移动互联网及其与实体经济的结合是我国现阶段经济发展的新动能。随着移动互联网技术不断普及深化，建构新的应用体系和模式创新，开放和开源，与各行业交叉融合是其应用的发展趋势。从移动互联网产业发展看，一是制造强国建设、工业互联网和智能制造正重新定义全球制造业，企业的形态、边界和模式正发生转变，产品与服务模式不断融合。二是移动 APP 与各技术各产业交叉融合、延伸与渗透，进入社会生活各方面，新产品新模式加速孕育。三是移动互联网通过手机连接了 14 亿人的大脑，成为一个超组织、活系统，只有连接才得以存在，每天都有十亿份以上的分享和贡献发生，永远在升级中，会越来越聪明，通过与人工智能结合将不断涌现出颠覆性事物。未来几年，具有超高价值和创新的事物会出现在此。

未来几年，从制造业角度看，一方面，软件平台向服务与泛终端延伸，服务型制造的比例会扩大，竞争焦点由单纯的市场份额扩张逐步转向高质量的系统生态服务。另

一方面，移动智能终端的新产品新形态加速重塑，智能
VR/AR、三维全息虚拟技术、APP、可穿戴式终端、眼罩式
显示器和折叠式显示器等新技术将逐步进入大众生活，泛
智能终端的边界不断延伸，不断创新，有可能形成继智能
手机后经济增长的又一新动能。

接下来这几年，从应用和业务角度看，全球经济模式
正加速向以移动互联网、云计算、大数据和人工智能为代
表的数字经济转变。根据 2020 年的统计结果，我国以互联
网为载体的中国数字经济规模达 39.2 万亿元，占 GDP 比
重为 38.6%。我国电子商务交易额在全世界占比超过 40%，
移动支付交易额是美国的近 80 倍。预计到 2022 年末我国
数字经济规模将超过 42 万亿元。其中，与传统互联网比
较，移动互联网的贡献较为突出。传统互联网的一般做法
是：组建平台、提供服务、出租业务、适度收费。平台是
中心，用户从外部接入。而移动互联网的典型特点是：平
台去中心化，用户全覆盖，沟通平民化，服务个性化，通
信碎片化，信息发布及时化、免费化、扁平化、简约化、
智能化，不断打破传统行业边界，形成线上线下、产业链
上下游、价值链等多方共赢机制，无尽地升级，技术加速
迭代，资源共享。同时具有媒体、工具、互动和社区等特
征，创新技术源自已有技术的组合。这与传统互联网不同，
它以大众为中心，公众化、多渠道、多元化、社会化，模
式从小众转向大众，多边多向连接。依托崭新的社交关系，
建群组和一对一连接，可以快速结成网，形成连锁反应，
连接人数呈指数增长。这一轮的科技革命和产业革命交汇，
速度之快，来势之猛，史无前例。随着人工智能在异构、

多场景海量人–网–物数据中的应用不断深化和人机融合，未来二十年前后，会有更好的新型组织结构发明出来，将逐步形成城市和更大范围的网络智能体，向更多、更大和更快方向发展，与所有人和大多数"物"相连，到那时人与人、人与自然、生产力、生产关系、上层建筑和人类自身等将被重新定义。

4.7　物　联　网

物联网是信息网络的源头，最前端的传感器门类品种繁多，共十大类、四十个小类，五千多个品种，物联网可通过这些传感器渗透到世界的各个角落。2021 年，我国三家基础电信企业发展蜂窝物联网用户达 14 亿户，全年净增2.64 亿。广域无线连接技术的不断进步和应用推动物联网技术快速发展，低功耗、广覆盖、小数据和泛在连接成为物联网技术的显著特征，当前主要存在几种技术路径：一是基于现有蜂窝网技术的优化，主要是 EC-GSM、TD-LTE Cat.M 及 FDD-LTE Cat.M 等技术；二是面向物联网广覆盖、低时延场景的 5G 技术标准；三是低功率广域网技术(low power wide area network, LPWAN)，一类是授权频段的技术，主要指 NB-IoT 和 LTE 演进技术 eMTC，另一类是非授权频段技术，例如 LoRa、Weightless、HaLow、ZETA 和 Sigfox 等，不同 LPWAN 技术的技术要求、部署方式及服务模式均存在差异。

4.7.1　技术进展

物联网新型标识解析体系、物联网语义技术和互操作性等成为研究热点。国际上主要的物联网标识体系有产品电子代码(electronic product code, EPC)、对象标识符(object identifiers, OID)、Ecode 等。为解决物联网中网络异构及跨系统导致的资源互操作性难题,引入语义技术。目前业界已提出多种语义模型,在数据之间创建连接。oneM2M 将不同的设备抽象成为资源,在资源之间建立统一的接口,基于开放协议框架实现资源的创建、获取和查找,通过一个数据发现另外一些相关数据。物联网语义互操作的关键是建立数据模型和分析工具,提供跨系统知识共享和自动应用。

我国初步提出物联网体系架构和模型,已初步建立物联网标识管理公共服务平台,有利于实现不同标识解析体系之间的互联互通。我国研究机构、高校和主要企业加大标准化投入,已成为 ISO 和 ITU 物联网工作组的主要贡献国之一,制定了《物联网概览》和物联网综合标准化体系指南,梳理标准项目几百项,在物联网参考架构、智能制造、物联网语义、电子健康指标评估和大数据等方面,我国主导发布了相关国际物联网标准,其中,我国积极推动全球 NB-IoT 标准及产业发展,并在 OneM2M、3GPP、ITU、IEEE 等主要标准化组织物联网相关领域,获得 30 多个物联网相关标准组织领导席位,主持相关标准化工作,并在物联网无线广域网、基于 Web 技术的物联网服务能力、车联网、可穿戴设备等方面形成了与发达国家共同主导标准制定的态势。

4.7.2 趋势预测

3Xn-abc 是物联网一个主导发展趋势。其中包括深度学习、智能分析和处理、智能感知、安全事件智能防护和态势感知等，以软定义、虚拟化、智能化等手段实现万物互联、万物入网，连接、延伸和渗透至世界的广袤角落，把物由"死"变"活"，都在人的(通过网上信息)监控和调度之下，由此不断创造出新需求、新模式、新概念，产生各种可能性。以全球工业系统为例，它们与智能云端、先进计算、分析、感知技术及互联网系统性融合，正催生出工业互联网体系，将人、数据、产品和机器连接起来，形成智能装备、智能系统和智能决策，把传统制造业升级到智能制造，形成新的生产方式、组织结构、商业模式、产业形态和经济增长点。按此趋势发展，未来十年后将会有千亿个传感器联到网上。麦肯锡预计，到 2025 年物联网对全球经济影响力可达 2.7～6.2 万亿美元。埃森哲预测，在经济增长不确定的前景下，到 2030 年物联网有望为全球经济贡献的新产值达到 14.2 万亿美元。这将给基础设施建设、能源、医疗保健、制造业、材料、供应链管理带来巨大的变革。

全球物联网应用快速推进，物联网由碎片化、孤立化应用为主的启动阶段向"统一顶层、聚焦重点、跨界融合、集成创新"的集约化新阶段迈进。工业互联网成为新一轮研究热点，智慧交通、智慧医疗、智慧教育、智能家居、智慧企业、车联网等方面的应用逐步成熟并加速渗透，全球智能城市步入规模发展阶段。

现阶段窄带物联网(NB-IoT)已成为依托现有移动网络通过大连接、广覆盖和低功耗场景，延伸出的无线物联网方向，有望结束过去物联网应用的"孤立化和碎片化"现象。除此之外，比 NB-IoT 速率更高的 eMTC 得到了北美和日本运营商的重视，也是低功耗广域互联技术的重要发展方向。国内很多省市已开始部署 NB-IoT，应用于智慧交通、智能表计、智能停车场、智慧消防、智能陪护、智慧路灯等。2020 年我国 5G NB-IoT 基站规模达到 91 万个，基本实现全国覆盖。采用检测隧道/油库火灾、桥梁安全防护、光纤传感(无源，不需要电池)，安全围栏等也是物联网解决方案不错的选择[9]。

近期物联网发展至少要过三道坎：一是存在多种技术标准路径，目前没有哪一种技术标准取得绝对优势，后续将随着技术的应用和产业发展越来越明晰；二是物联网终端的电池续航能力不足，还需进一步取得技术突破；三是网络信息安全问题将成为物联网大规模应用需要关注的重点。

参 考 文 献

[1] 工业和信息化部运行监测协调局. 2021 年 1—12 月通信业主要指标完成情况 [R/OL]. 2021.https://www.miit.gov.cn/gxsj/tjfx/txy/art/2022/art_5e257ff20da341dd8f7cfb6205a1c618.html.

[2] 陈亮, 余少华. 5G 端到端应用场景的评估和预测[J]. 光通信研究, 2019, (3): 5-11.

[3] 尤肖虎. 网络通信融合发展与技术革命[J]. 中国科学: 信息科学, 2017, 47(1): 144-148.

[4] 余少华, 何炜. 光纤通信技术发展综述[J]. 中国科学: 信息科学, 2020, 50(9): 87-102.

[5] 工业互联网产业联盟. 工业互联网网络连接白皮书(版本 2.0)[R/OL]. 2021. http://www.aiialliance.org/uploads/1/20210930/0ab713db764012d62d3a374cf410453d.pdf.

[6] 工业互联网产业联盟. 工业互联网网络连接白皮书(版本 1.0)[R/OL]. 2018. http://www.aii-alliance.org/upload/202003/0302_111828_161.pdf.

[7]　工业互联网产业联盟，边缘计算产业联盟，5G 确定性网络产业联盟，
　　　EdgeGallery 开源社区. Edge Native 技术架构白皮书 1.0[R/OL]. 2021.
　　　https://pmo32e887-pic2.ysjianzhan.cn/upload/c9vu.pdf.

[8]　中国信息通信研究院. 车联网白皮书[R/OL]. 2021. http://www.caict.ac.cn/
　　　kxyj/qwfb/bps/202112/P020211224634954242855.pdf.

[9]　胡剑飞，丁宁. 物联网技术在智慧消防中的应用研究[J]. 电子世界, 2019,
　　　560(2): 196-198.

第5章 光纤通信学术前沿

光通信是信息高速公路的基石，标准石英单模光纤以其极低的传输损耗、超宽的多波长复用、高速的数字相干系统，支撑了全球互联与移动通信的飞速发展，几乎95%以上的全球信息流量都通过光纤汇聚、复用、交换、承载和传输。现有的光通信体系架构在网络容量提升、可扩展性、安全性，以及服务质量保障方面均面临发展瓶颈，同时也难以持续支撑垂直行业多样化应用和国家网络安全的战略需要。

当前商用光纤传输信号由单一的强度调制逐渐转变成幅度、相位联合调制，基于数字信号处理的相干检测技术扩展了光信号承载信息的物理维度。高阶调制、偏振复用、相干检测的联合应用使得光纤传输容量继续保持20%的复合增长率。考虑到光放大器的带宽限制，目前单根标准单模光纤双波段波分复用系统的典型光传输容量已经达到100Tbps 量级，基本接近光纤克尔非线性效应决定的容量极限(C)。而全球信息流量一直以指数方式高速增长，网络流量(T)复合增长长期处在 45%左右的高位区间。同时，在经历波分复用光通信和数字相干光通信两代技术变革后，光通信网络的技术容量日益接近香农极限，表现为 C 与 T 之间的落差将越来越大，被称为"光纤容量危机"。未来十至二十年，高速光通信的承载能力预期需要提升 100～

1000 倍，光通信发展进入无人区。在后香农极限时代，逼近香农极限的代价收益比已经愈来愈大，传统光传输技术潜力基本挖掘殆尽，进入技术增长的瓶颈期，同时也标志光纤新理论和方法的突破性创新的孕育期，急需发展变革性新光纤技术，急需新一代光通信理论、方法、器件和系统的全方位重大突破。

5.1　技术发展现状

光纤通信技术的发展趋势可以从超高速率、超大容量、超长距离、超宽灵活、超强智能(Ultra-high speed, Ultra-large capacity, Ultra-long distance, Ultra-wideband flexibility, and Ultra-powerful intelligence, 5U)这五个维度进行全方位解析。

网络带宽需求的"恒不足"，使得超高速率、超大容量、超长距离传输成为光纤通信矢志不渝的追求。对于大容量光传输应用场景，包括全球越洋海底光缆和国家级骨干网络，需要突破非线性香农极限，实现超大容量超长距离光传输。对于高速光网络应用场景，包括城域核心网、汇聚接入网、移动前传和工业互联网，需要突破超大容量、超低延迟、高集成度、智能运维的瓶颈。对于云和数据中心应用场景，需要解决高速率、小型化/集成化、超低成本、超低功耗问题。

在大容量光传输方面，自 2018 年日本 KDDI 基于 19 芯 6 模光纤，突破 10.16Pbps 容量(11.31km)以来[1]，业界的研究方向逐渐集中到了实用化方面，近 3 年尤其以扩展波段的传输为主。在传统 C/L 波段的基础上，通过引入扩展波段(如 S/O/E 等)增加系统传输带宽，利用已大量部署的光纤网络，即可大幅增加传输信道数量，是现阶段十分经济实用的扩容方案。目前业界的研究主要集中在利用 S 波段实现扩展方面，S 波段的损耗相对 C/L 波段增幅不大，收发端器件性能方面的差异尚可接受，而且针对 S 波段的 TDFA(掺铥光纤放大器)和拉曼放大器虽然在增益和噪声方面与 EDFA(掺铒光纤放大器)有一定差距，但依然足够支撑 S 波段光信号的传输。2020 年 PTL 报道了英国伦敦学院大学基于 SCL 波段(1484.86～1619.67nm)共 660 个信道(25GHz 栅格)的传输实验，根据信噪比差异为不同信道分别使用基于几何整形的 GS-1024QAM(正交振幅调制)、GS-256QAM、GS-64QAM 三种调制格式(波特率均为 25Gbaud)，实现了 178.08Tbps、40km 康宁超低损耗光纤的传输[2]。2020 年 JLT 报道了日本 NTT，基于 O/E/S/C/L 波段 625 个信道(37.5GHz 栅格)，在 O/E 波段使用 QPSK(四相移键控格式)，S/C/L 波段使用 16QAM(波特率均为 32Gbaud)，实现了 106.77Tbps、60km 标准单模光纤的传输[3]。2021 年 OFC 报道了日本 NICT，利用 SCL 波段(1481.92～1620.06nm)690 个信道(25GHz 栅格)，使用 DP-256QAM(正交振幅调制)，实现了 190.1Tbps、54km 标准单模光纤的传输[4]。在扩展波段的长距离传输方面，2022 年美国光纤通信展览及研讨会(Optical Fiber Communication Conference & Exposition and the National Fiber Optic Engineers Conference, OFC)，日本国家信息与通信研究院(National Institute of Information and Communications Technology, NICT)利用 SCL 波段(1487.8～1608.33nm)552

个信道(25GHz 栅格),使用 PDM-QPSK(偏振复用-四相移键控格式),实现了 43.5Tbps、10072km 标准单模光纤的传输[5]。近 3 年扩展波段光传输系统研究统计如表 5.1 所示。

表 5.1　近 3 年扩展波段光传输系统研究统计

来源	传输容量/Tbps	波段	信道数量	栅格/GHz	调制格式	波特率/GBaud	光纤类型	传输距离/km	放大方式
伦敦学院大学(2020)	178.08[2]	S/C/L	660	25	GS-1024QAM, GS-256QAM, GS-64QAM	25	超低损耗单模光纤	40	TDFA, EDFA, Raman
日本NTT(2020)	106.77[3]	O/E/S/C/L	625	37.5	QPSK, 16QAM	32	标准单模光纤	60	PDFA, TDFA, EDFA, SOA, Raman
日本NICT(2021)	190.1[4]	S/C/L	690	25	DP-256QAM	24.5	标准单模光纤	54	EDFA, TDFA, Raman
日本NICT(2022)	43.5[5]	S/C/L	552	25	PDM-QPSK	24.5	标准单模光纤	10072	EDFA, TDFA, Raman

扩展波段所涉及的问题主要在于,当系统将传输信道扩展到 S 波段以及 O/E 等波段时,不仅光纤链路的损耗会变高,扩展波段放大器噪声相比 C、L 波段也更高,同时由于目前商用的收发端光电器件仅适用于 C/L 波段,工作在扩展波段其性能会下降,例如 IQ 调制器、混频器等。为了充分利用多波段资源,一般会根据信道差异采用多种不

同的调制格式，使系统容量最大化。另外当传输波段扩展到 100nm 以上时，不同波段之间的 SRS 受激拉曼散射效应会变得更为明显，导致光信号的能量转移及信道串扰，加重了系统整体性能的劣化，需采取针对性的优化措施。

除此之外，在扩展波段的多芯光传输方面，2020 年 OFC 会议报道的日本 NICT 基于 S/C/L 波段(1489.4～1609.82nm)559 个信道(25GHz 栅格)，使用 PM-256QAM，实现了 596.4Tbps、54km 的 4 芯光纤(125μm 包层直径)传输[6]。2021 年 OFC 会议报道了 NICT 基于 S/C/L 波段(1487.8～1608.33nm) 552 个信道(25GHz 栅格)，使用 PDM-16QAM，实现了 319Tbps、3001km 的 4 芯光纤(125μm 包层直径)传输[7]。扩展波段在多芯光纤传输所面临的问题与单芯光纤类似，主要在于光纤损耗、收发端光电器件与放大器性能以及 SRS 效应方面，短距离多芯光纤所能达到的平均单芯速率与单芯光纤的速率还是比较接近的。

在低成本城域高速光网络和数据中心互联网络方面，与长途光传输网络不同。5G/6G 移动前传系统需要更快、可靠、服务质量(QoS)保证的网络，这对网络的延迟、容量和成本构成了巨大的挑战。因此，RRHs(远程无线电)和 BBU(基带处理单元)之间需要大量高容量链路，出于成本上的考虑，非常需要为移动前传系统设置一个强度调制直接检测(intensity modulation and direct detection, IMDD)的传输链路[8]。与此同时，数据中心系统之间及内部部署了大量收发器，因此收发器成本成为主要考虑因素。与相干检测相比，直接检测可以降低成本，因此其极其适用于数据中心互连。

IMDD 系统发送和接收结构简单, 对激光器要求低, 其发送端由电信号驱动 DML(直接调制激光器)或者 EML(电吸收调制激光器)组成, 其接收端仅仅采用一个单 PD(光电二极管)即可进行接收, 可以采用高谱效率的 PAM(脉冲幅度调制)格式进行传输。有利也有弊, IMDD 传输系统由于多采用低成本的器件, 因此在进行高速调制时其带宽必然会受到很大的限制, 其引入的 ISI(符号间干扰)会极大地限制系统性能。此外, 传输过程中的色散会引入功率选择性衰落, 限制了 IMDD 系统的传输距离[9]。为了解决上述问题, 多种新型的调制格式以及编码方案相继被提出。一是 Stokes 接收机, 将信号通过不同偏振方向进行分级接收, 从而恢复信号的相位信息, 这样不仅能够使得信息能够进行相位调制提高编码效率, 而且使得传输过程中色散干扰能够得到有效的补偿, 从而延长传输距离[10]。二是 KK 接收机, 对通过直接检测而得到的带载波单边信息进行 KK 算法计算, 在满足条件下能够恢复强度信号的相位信息, 这样就能对信号的色散进行有效补偿[11]。三是基于空分复用技术的 IMDD, 在 IMDD 用于短距离光互连中, 大带宽和大容量传输对于提高大型数据中心(DC)的性能至关重要。简单地增加光纤链路的数量可能成本太高且难以管理, 而空分复用(SDM)被认为是支持经济高效的网络容量扩展的一个有希望的候选方案。多芯光纤(MCF)可能是实现这种 SDM 网络的一种可行且有效的方法, MCF 还非常适用于数据中心和短距离系统中的光互连, 这些系统大多距离较短从而不需要进行光放大[12]。四是硅基集成接收机, 光子集成实现了收发器的紧凑封装和结构小型化,同时能够降低其成本,使得硅基集成接收机成为 IMDD 技术在数据中心中能否广泛应用的基础[13]。

今年 OFC 会议上发布了一系列直调直检 IMDD 技术的重大进展。华为德国研究所采用 256GBd AWG(阵列波导光栅)发送了 310GBd 部分响应 OOK(二进制振幅键控)信号,并通过 O 波段 EML(电吸收调制激光器)实现了 5km 传输,其系统带宽最低仅为 55GHz[14]。上海交通大学采用基于硅基调制器实现了 28/42GBd 的 PAM4(脉冲幅度调制 4)信号调制,并且进行了 80/120km,C 波段的传输,其主要应用 THP 编码和线性均衡的方式[15]。成都电子科技大学采用 TC-MLSE 的编码及均衡方式,实现 C 波段 210Gbps PAM-8 信号的传输,相比于传统 MLSE,其算法复杂度减小了 98%[16]。北京大学采用 850nm 波长的 VCSEL(垂直共振腔表面发射激光器)直调激光器实现 288Gbps PAM-8 单波 100m 的 MMF 光纤传输,其采用神经网络算法极大地提升了系统抗 ISI 能力[17]。北京大学采用一种高带宽的铌酸锂薄膜调制器,其 3dB 带宽为 110GHz,实现了 360Gbps PAM8 信号 500m SSMF 信号传输,其系统可用带宽不大于 59GHz[18]。

多业务分组化综合承载对光网络的光层加电层弹性灵活组网提出迫切要求,灵活光网络技术应运而生。它通过硬件的灵活可编程配置,实现传送平面资源可按需软件动态调整,提升光网络整体性能和资源利用率。其主要包括弹性线路侧接口和可重构光分插复用器两大部分。其中,弹性线路侧接口支持灵活可变栅格(flex grid)、灵活调制收发(flex TRx)和灵活电层封装(flex OTN)三大核心技术;可重构光分插复用器具备方向无关(directionless)、波长无关(colorless)、冲突无关(contentionless)和栅格无关(gridless/flexible grid)四大关键特性。

全光网以 ROADM(可重构光分插复用器)光层组网和OTN(光传送网)灵活业务调度为主要目标网络特征,满足了移动、家庭宽带、专线、云的全业务发展光底座网络诉求。电层交换可以实现小颗粒灵活调度但功耗较高,而光层交换可以实现大颗粒、大带宽调度同时功耗较低,光电协同可以实现优势互补。光+电以其高可靠和更加灵活的调度能力将成为下一代网络架构的一个发展方向。

在骨干和城域核心层面,通过在入网点(point-of-presence,POP)/DC/云网关等节点部署 OXC(光交叉连接设备),中心局(central office,CO)节点部署普通 ROADM 实现灵活光层,实现对物理光纤带宽资源"潜力"的管理,盘活物理光缆多路由带来的网络生存性,进而支持光波长大颗粒调度,支撑调度成本/功耗最低、时延最小。在城域边缘层面,由于边缘云的不断出现和下沉,全光网随着省级云下沉开始向城域延伸,城域内除了传统移动、家庭宽带、专线南北向调度诉求以外,新增核心云-核心云、核心云-边缘云、边缘云-边缘云东西向业务调度。全光城域网除了引入 ROADM/OXC 实现光层组网以外,还需要具备光传送网(OTN)的电交叉调度能力。最终,ROADM 将从骨干网络逐渐走向城域边缘网络,实现全光网的广泛部署。

ROADM 是实现智能化全光网络的重要一环,ROADM可以在光层实现自动路径调度和恢复,将点对点型的光连接变为 Mesh 型的光网络,实现网络灵活调度和降低组网成本。波长选择光开关(wavelength selective switch, WSS)是构建 ROADM 可重构敏捷光网络的核心器件[19]，由其承担光网络节点内各波长的动态调度、阻塞和衰减调节[20]，可将波长信号分插到任意通道进行传输，具有很高的自由度。

ROADM 未来的发展对 WSS 提出更高的技术要求。一是提高组网灵活性，采用 $M \times N$ 上下波长选择光开关(add drop wavelength selective switch, ADWSS)从波长无关和方向无关(colorless directionless, CD)网络向波长无关、方向无关、竞争无关和栅格无关(colorless directionless contentionless gridless, CDCG)网络演进[21]，实现光信号更自由地调度，降低网络规划难度；二是增加 WSS(波长选择光开关)端口维度，提升交换容量，满足骨干网络大容量节点需求；三是提升 WSS 插损、带宽和隔离度性能，降低对光信号损伤，支持光信号穿通更多节点；四是提升 WSS 切换速度，减少业务调度和保护倒换时间，满足高质量、高可靠的业务要求；五是减少边缘网络对 WSS 不必要的功能和性能要求，降低 WSS 成本，支撑全光网从骨干网向城域网延伸；六是用全光背板互联替代 ROADM 复杂的连纤，简化部署，向 OXC 演进。

软件定义网络及人工智能技术的引入使得构建超强智能的光网络成为可能。人工智能和光通信相互赋能，智能化是通过应用人工智能技术，建立光网络数字孪生，构建零接触式网络自动化的智慧光网络，实现光网络资源灵活调配、动态智慧管控，最终实现自优自愈、快速闭环自治。

由于机器学习(ML)技术的飞跃发展，人们发现将机器学习用于光通信也有巨大成效，ML 使人们在找到精确解析的数学工具和理论模型之前可以先基于海量数据和强大算力寻找规律和答案。光通信技术和应用的复杂性推动人们选择 ML 作为更容易、更快捷的工具。已有广泛使用的 ML 方法包括 ANN(人工神经网络)、SVM(支持向量机)、clustering、EM(启发式的迭代方法)、ICA(独立成分分析法)、CNN(卷积神经网络)、RNN(循环神经网络)、LSTM(长短时记忆网络)、GAN(生成式对抗网络)等，通过分类和回归实现求解各类问题[22,23]。已有研究表明，ML 求解线性问题效率较低，但适合求解非线性问题，因此适合解决光纤非线性、性能指标监测等复杂问题[24]。而且 ML 和解析模型结合，基于已有经验对数据初步提炼后再进行 ML 效果更好。目前 ML 在光通信中的应用主要包括以下几个层面：

网络层应用方面，SDN(软件定义网络)具备可编程性以及对大量网络相关监测数据的获取能力，当结合了 ML 技术的数据分析功能之后，可以实现网络基础设施的自我感知、自我管理和自我修复。目前已有 K 近邻算法、逻辑回归、SVM、ANN、RF、ANN 用于 QoT(传输质量)预测，结合 GN、EGN 等解析模型能取得更好效果。故障预测方面，借助 ML 能从海量数据中感知到潜在的故障，可提前数天预警，或者分析众多现象找出可能的深层原因，大大减少故障对网络服务性能的影响[22]。

物理层应用方面，已有研究使用了包括 ANN、MLS、EVM、EM、LSTM 等方法解决光纤非线性，消除各种复杂因素交织带来的链路损伤，相干系统和 IM-DD 系统中的非线性问题都可以得到解决。链路中的光性能监测(OPM)已广泛使用 ML 在线监测 OSNR(光信噪比)、CD(色散)、PMD(偏振模色散)等指标,保证链路可靠和高效。端到端优化中广泛采用 ML 解决超宽波段(S+C+L)的增益平坦[23]。

　　光子层应用方面,ML 与光子学的结合有两方面:一是使用在传统计算机上实现人工智能算法,来设计具有特定任务性能的新型光学结构和设备。例如在器件设计方面,ML 已成功实现光器件的反向设计以及光学微纳结构、光子光纤、几何纳米颗粒、超表面等设计[25]。二是人们开始尝试使用光电系统来实现 ML,通过光子学+人工智能提高计算的功率效率和并行性。

5.2　未来发展趋势

　　可以预见,未来全球网络流量还将持续以 45%左右的指数增长,而接口速率和光纤容量仅以每年约 20%的速度递增,两者之间显示出日益严重的差距,"容量危机"愈演愈烈。这种增长率的差异源于遵循摩尔定律的数字集成电路技术(推动用于生成、处理和存储信息的设备发展)和模拟高速光电技术(推动用于传输信息的设备发展)之间的固有尺度差异。

　　由于光的幅度、时间/频率、正交相位和偏振四个物理维度都已被充分利用到极致,且单纤容量正在迅速逼近其基本的香农极限,因此根据等式 $C = M \times B \times SE$ 可知,唯有通过进一步扩展更宽的频带(B)和更多的空间并行度(M)才能大幅提升光纤通信的系统容量。未来,超高速率超大容量超长距离光传输技术将主要围绕这两个可伸缩性选项开展研究。

　　扩展频带的超宽带系统包括两个独立且同等重要的方面：跨宽带窗口的低损耗光纤，以及能够覆盖整个系统带宽无缝运行的光学子系统(如光放大器、激光器和滤波器)。这两个方面对于利用已有光纤线路(骨干和城域传输网络)和新建部署光纤线路(海底光缆和数据中心互联场景)有着不同的影响。对于现有的绝大多数商用已部署光纤而言，将仅使用的 C 波段(约 1530～1565nm，即 4.4THz)扩展到 O～L 全波段(约 1260～1625nm，即 53.5THz)，理论上可获得约 12 倍的带宽增益，但由于水吸收峰等物理限制，实际仅能获得约 5 倍的容量系数。对于多种更宽频带、更低损耗的新型光纤，例如光子晶体空心光纤和嵌套抗共振无节空心光纤，虽然理论上获得较为乐观的预测，但在实践中却难以实现。并且在大多数工程领域，包括微波和光学领域，组件和子系统的复杂度随着其相对带宽的增加而提升，每比特成本增长迅速。因此，相对于未来网络带宽成百上千倍的增长需求而言，在频率域中进行扩展无法有效低成本地解决长期容量瓶颈问题，但仍是扩展光纤通信容量的一个选项。

　　从长远来看，空间并行性是未来显著扩展系统容量的可行选择。空分复用(SDM)使用多个并行的空间路径来倍增单通道的波长容量，WDM(波分复用) × SDM(空分复用)矩阵如图 5.1 所示。WDM × SDM 矩阵的每一行表示一个空间路径内的波长复用，每一列表示相同载波频率下的多个并行空间路径，每个最小单元表示使用单个光调制器调

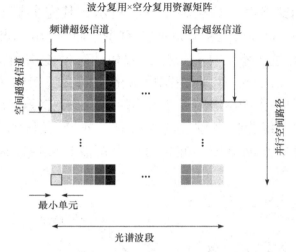

图 5.1　WDM×SDM 资源矩阵

制到单个光载波上并使用单个光接收器检测的光信号。一个逻辑通道可以由同一空间路径下的不同波长构成(频谱超级信道)，也可以由同一波长跨越多条并行路径构成(空间超级信道)，更有甚者可以是两者的组合(混合超级信道)[26]。过去几年 SDM 的研究主要集中在多芯和少模两类新型光纤上，未来无论最终选择哪种 SDM 技术或超级信道结构用于商业化，光学元件的规模集成都将是必不可少的，可以有效地降低每比特的成本及能耗。

　　基于以上的 SDM 技术，频谱信道的选择以及空间信道的交换对于未来光网络组网而言也有着重要影响。如何将已有的适用于 WDM 网络的 ROADM 架构扩展到 WDM×SDM 的情况下，研究具备低阻塞率的 WDM×SDM 网络交换架构不仅意味着更大的系统容量，而且还能简化超级信道的分配算法。未来可能的适用于 WDM×SDM 网络的空间交换节点架构如图 5.2 所示，其完全基于光子交叉连接(photonic cross connect, PXC)技术[27]。输入和输出的每个空间链路都需要经过光放大和动态增益均衡(dynamic gain equalizer, DGE)，而中间巨大的空间交换架构采用严格的三级无阻塞 Clos 网络，其中第一级和第三级与节点维度相关，中心级提供各维度的并行交叉连接。信号上/下功能使用额外的空间维度，并且可以保留波长交换以提供灵活的子载波复用。

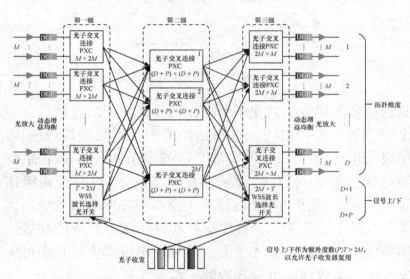

图 5.2　未来可能的适用于 WDM × SDM 网络的空间交换节点架构

　　除此之外，人们还希望提升光网络组网的自动化及智能化水平，最终实现网络"即插即用"功能，而无需任何人工干预和规划，最大限度地降低网络运营成本。在物理层，这将导致人类"零接触"网络，并通过人工智能和机器学习实现"零思考"的网络部署，即网络的各种组件将由机器人根据需要自动添加/删除，并为任何服务自动提供所需的带宽连接及管理。为了实现完全"零接触"网络自动化，该自治网络需要包含三个基本功能要素：传感器、执行器和控制器，三者必须共同作用，才能实现所需的网络智能。在数字相干系统中，传感器既可以作为相干光收发器的嵌入功能，通过其自适应算法自动获取网络运行的物理参数，也可以采用独立部署的传感元件实现。从光物理层的角度来看，执行器是灵活的线路卡以及动态的光交换，动态调整链路速率和信道分配以适应不同的传输需求。最后，为了建立"网络大脑"，需要开放接口的通用抽象，以允许 SDN 将跨网络堆栈和跨各种功能的网络元素整合在一起[28]。未来二十年，网络通信的人工智能化将集云网、感知、大数据和算法于一体[29]，自感知、自适应、自学习、自执行、自演进，以网络为基础的群智应用(网络+AI)将成为重要趋势。对于光网络而言，在通往"零接触"和"零思考"网络的道路上，以整体和跨层的思维方式解决网络灵活性和自治性方面的问题，将是未来的研究方向。

　　光纤通信先后经历了逐段光电再生系统时代和放大色散管理系统时代，当下正处于数字相干系统时代，空分复用系统未来将有用武之地。超高速率、超大容量、超长距离传输是光纤通信永恒不变的发展主题，超宽灵活、超强智能组网是其不容忽视的演进维度。未来十年甚至二十年，光纤通信无论是在光传输还是在光交换方面，利用和整合并行空间路径来支撑网络大幅容量提升将是一条有效路径；而在光网络智能化方面，软件定义光网络将进一步向人工智能光网络演化[30,31]。

参 考 文 献

[1] Soma D, Wakayama Y, Beppu S, et al. 10. 16-Peta-B/s dense SDM/WDM transmission over 6-mode 19-core fiber across the C+L band[J]. Journal of Lightwave Technology, 2018, 36(6): 1362-1368.

[2] Galdino L, Edwards A, Yi W, et al. Optical fibre capacity optimisation via continuous bandwidth amplification and geometric shaping[J]. IEEE Photonics Technology Letters, 2020, 32(17): 1021-1024.

[3] Okamoto S, Minoguchi K, Hamaoka F, et al. A study on the effect of ultra-wide band WDM on optical transmission systems [J]. Journal of Lightwave Technology, 2020, 38(5): 1061-1070.

[4] Puttnam B J. S, C and extended L-Band transmission with doped fiber and distributed Raman amplification[C]. Optical Fiber Communication Conference & Exposition, San Francisco, 2021.

[5] Puttnam B J. Investigation of Long-Haul S-, C- + L-Band transmission[C]. Optical Fiber Communication Conference & Exposition, San Diego, 2022.

[6] Puttnam B J. 0. 596 Pb/s S, C, L-Band transmission in a 125μm diameter 4-core fiber using a single wideband comb source[C]. Optical Fiber Communication Conference & Exposition, San Diego, 2020.

[7] Puttnam B J. 319Tb/s Transmission over 3001km with S, C and L band signals over >120nm bandwidth in 125μm wide 4-core fiber[C]. Optical Fiber Communication Conference & Exposition, San Francisco, 2021.

[8] Liu X, Effenberger F. Emerging optical access network technologies for 5G wireless [J]. Journal of Optical Communications and Networking, 2016, 23(8): 70-79.

[9] Che D, et al. Higher-order modulation vs faster-than-Nyquist PAM-4 for datacenter IM-DD optics: An air comparison under practical bandwidth limits [J]. Journal of Lightwave Technology, 2022, 40(10): 3347-3357.

[10] Zhang Y, He Y, Jiang X, et al. Ultra-compact and highly efficient silicon polarization splitter and rotator[J]. APL Photonics, 2016, 1(9): 48-57.

[11] Mecozzi A, Antonelli C, Shtaif M, et al. Kramers-Kronig coherent receiver [J]. Optica, 2016, 3(11): 1220-1227.

[12] Zhu B Y. SDM fibers for data center applications[C]. Optical Fiber Communication Conference & Exposition, San Diego, 2019.

[13] Doerr C, Chen L, Vermeulen D, et al. Single-chip silicon photonics 100-Gb/s

coherent transceiver[C]. Optical Fiber Communication Conference & Exposition, San Francisco, 2014.

[14] Hossain M S B, Rahman T, Stojanovic N, et al. Partial response O-band EML transmission beyond 300-GBd with a 128/256 GSa/s DAC[C]. Optical Fiber Communication Conference & Exposition, San Diego, 2022.

[15] Li J C, Wang Z, Li X F, et al. Single-span IM/DD transmission over 120-km SMF with a silicon photonic mach-zehnder modulator and THP[C]. Optical Fiber Communication Conference & Exposition, San Diego, 2022.

[16] Zhou J H, Zhang J, Zhao X, et al. Simplified TC-MLSE equalizer for 210-Gb/s PAM-8 signal transmission in IM/DD systems[C]. Optical Fiber Communication Conference & Exposition, San Diego, 2022.

[17] Gao Y F, Yang C C, Wang J X, et al. 288Gb/s 850nm VCSEL-based Interconnect over 100m MMF based on feature-enhanced recurrent neural network[C]. Optical Fiber Communication Conference & Exposition, San Diego, 2022.

[18] Yang F, Fang X S, Chen X Y, et al. Up to 360Gb/s optical interconnects with ultra-high bandwidth thin film lithium niobate modulator[C]. Optical Fiber Communication Conference & Exposition, San Diego, 2022.

[19] Sharma M, Hansen P, Nayar B, et al. Next generation ROADM technologies and architecture[C]. Proceedings of SPIE-The International Society for Optical Engineering, 2012, 8283(9): 1-9.

[20] Wall P, Colbourne P, Reimer C, et al. WSS switching engine technologies[C]. Optical Fiber Communication Conference & Exposition, San Diego, 2008.

[21] Marom D M. Survey of photonic switching architectures and technologies in support of spatially and spectrally flexible optical networking [J]. Journal of Optical Communications & Networking, 2017, 9(1): 1-26.

[22] Khan F N, Fan Q, Lu C, et al. An optical communication's perspective on machine learning and its applications [J]. Journal of Lightwave Technology, 2019, 37(2): 493-516.

[23] Musumeci F, Rottondi C, Nag A, et al. An overview on application of machine learning techniques in optical networks [J]. IEEE Communications Surveys & Tutorials, 2019, 21(2): 1383-1408.

[24] Zhuge Q B, Hu W S. Application of machine learning in fiber nonlinearity modeling and monitoring for elastic optical networks [J]. Journal of Lightwave Technology, 2019, 37(13): 3055-3063.

[25] Liu Y, Yu F R, Li X, et al. Blockchain and machine learning for communications and networking systems [J]. IEEE Communications Surveys & Tutorials, 2020, 22(2): 1392-1431.

[26] Winzer P J, Neilson D T. From scaling disparities to integrated parallelism: A decathlon for a decade [J]. Journal of Lightwave Technology, 2017, 35(5): 1099-1115.

[27] Fabbri S J, Sygletos S, Perentos A, et al. Experimental implementation of an all-optical interferometric drop, add, and extract multiplexer for superchannels[J]. Journal of Lightwave Technology, 2015, 33(7): 1351-1357.

[28] Kim Y J, Simsarian J E, Choi N, et al. Cross-layer aware packet-optical link manage-ment in software-defined network operating system[C]. Optical Fiber Communication Conference & Exposition, San Diego, 2018.

[29] 余少华. 未来网络的一种新范式: 网络智能体和城市智能体[J]. 光通信研究, 2018, 210(6): 5-14.

[30] 余少华, 何炜. 光纤通信技术发展综述[J]. 中国科学: 信息科学, 2020, 50(1): 1-16.

[31] 余少华, 胡先志. 超高速超大容量超长距离光纤通信系统前沿研究[M]. 北京: 科学出版社, 2015: 180.

第6章 移动通信学术前沿

近二十年来，移动通信领域从未停止过科技创新的步伐，学术界研究成果多彩纷呈。全球科研人员分别从经典理论、基础材料、无线物理层技术、新型网络架构以及最新前沿应用等方面都进行了较为深入的学术研究，为移动通信的发展做出了不可磨灭的贡献。

6.1 基础理论研究

6.1.1 经典物理理论

1864 年，英国物理学家麦克斯韦(James·Clerk·Maxwell)在论文《电磁场的动力学》中提出"光本身(包括辐射热和其他辐射，如果有的话)是以波的形式通过电磁场传播的电磁扰动"[1]。麦克斯韦在理论上预测了电磁波的存在，建立了一组描述电场、磁场与电荷密度、电流密度之间关系的偏微分方程，即由四个方程组成的麦克斯韦方程组(分别是库仑定律、高斯定律、安培定律和法拉第定律)(将光学和电磁学统一起来，由麦克斯韦方程组可以算出电磁波的速度)，形成了经典的电动力学和电磁场理论，为当今无线通信、航空航天、遥感、雷达等技术奠定了坚实的科学基础，对现代科学和技术产生了革命性的影响。

科学家们一直希望能对现有经典物理理论有所突破，

以期在通信实践中获得更快的数据传输速率、更高的频谱效率和频谱密度。王中林院士团队在《Materials Today》上发表论文，对麦克斯韦方程组进行了拓展，将基于静态电磁场的理论推广到运动介质的场景[2]，建立较为完整的运动介质电动力学基础理论。该研究团队认为，如果介质是高速运动的(例如：飞机、高速运行的火车等)，其运动轨迹分布随时间变化而变化，此时麦克斯韦方程不能严格成立。为此他们对经典方程组的积分形式进行了修正，建立了拓展型的麦克斯韦方程组，如图 6.1 所示。该拓展方程组中引入速度变量，可以解决高速运动目标与电磁波相互作用、散射电磁波探测和目标特征精确提取的世界性难题。

经典麦克斯韦方程组　　　拓展型麦克斯韦方程组

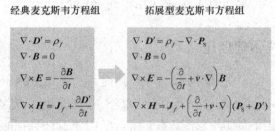

图 6.1　拓展型麦克斯韦方程组[2]

但是，学术界对研究团队的拓展型麦克斯韦方程组提出了诸多质疑，包括是否与狭义相对论矛盾，是否具有理论贡献，甚至存在推导问题等。任何创新理论都会带来质疑，也必须经得住质疑，只有百家争鸣，新的理论才能不断诞生和发展。能站在巨人的肩膀上对经典物理学进行扩展殊为不易，希望成果带来曙光。

6.1.2　电磁信息论

美国贝尔实验室的 Claude Shannon 于 1948～1949 年发表两篇著名的论文，提出有高斯白噪声干扰的通信信道中理论上的最大传输容量[3,4]，即香农极限。无线通信以开放大气作为传输介质，通信信道噪声干扰不可控，在有限信道带宽和有限信号功率条件下，逼近香农极限的传输速率较为困难。按照理论分析和测算，目前通信传输速率只能达到香农极限的九成左右。科学家们做了很多尝试，都难以突破这一极限。与之类似的理论限制还包括"有限连续时间信号的频率只能以一定的'不准确性'来定义"的 Gabor 理论[5]，以及图灵原理"可计算的东西是有限度的"等[6]。

科学家们仍不懈努力，试图突破传统电磁理论的限制。英国伯明翰阿斯顿大学的研究人员在《Nature Communication》发表论文，提出了经典香农容量的再生极限，采用相干信号的全光再生(all-optical regeneration)对香农容量的影响做定量研究，文献[7]设计了一种高于相应线性信道(linear channel)容量的再生传输系统，并通过将傅里叶变换应用于多级多维信号的高效再生，推导了再生香农极限和再生效率的理论上限。意大利科学家从实用角度对电磁信道容量进行了研究，文献[8]认为香农理论是从经典物理学中发展起来的，而电磁信号是量子力学实体(quantum-mechanical entities)，两者有较大区别。该研究团队用复杂优化的 Holevo 信息表示电磁容量，并设定了界限，以确定在高噪声或低透射率的实际情况下，该界限的校正能力并不重要，该研究成果适用于玻色子热噪声信道(bosonic thermalnoise channel)中的任何频率电磁信号。文献[9]将香农信息论推广到一个非线性系统，提出了一个计算无色散光纤传输系统信道容量的模型。利用非线性薛定谔方程存在一个封闭形式的解，推导出对任意输入功率准确有效的信道容量分析结果。在通信计算方面，美国科学家在图灵原理的基础上提出了"计算基本极限"的概念，研究团队在文献[10]中梳理了在制造、能源、物理空间、设计和验证工作以及算法领域中的计算基本限制，提出了在宽松和严格的情况下如何规避这些限制，并预测了未来新兴技术将有可能遇到哪些难题。记忆效应(memory effects)将会影响通信容量，荷兰的研究团队认为记忆效应会使通信信道的传输能力无法计算，文献[11]认为对于有内存的且具有稳定的有限状态自动机的信道，通信容量的计算精度不能超过 1/5。

美国 IBM 和麻省理工学院的科学家在《Science》发表论文，提出量子信道容量(quantum channel capacities)的概念[12]，之后量子通信成为学术界研究的热点。量子信道是指基于量子纠缠的信息通道，它不仅可用来传输通常意义下的经典信息，还能传输保密的经典信息和神秘的量子信息。所以对一个量子信道而言，其信道容量的概念在传输不同种类信息的情况下，有多种表现形式。中国科技大学郭光灿院士团队发表论文，设计并实现了一种特殊的"退相干并擦除"(dephrasure)量子信道[13]，并在该量子信道中验证了量子相干的不可加性。量子通信目前还处于起步阶段，有可能是传统电磁理论突破的方向之一。

6.2 基础材料研究

6.2.1 超材料

超材料(meta-material)是物理学领域出现的一个新学术名词，不同的文献上给出的定义也各不相同，目前缺乏权威的认定。电磁领域通常是指几个波长或者亚波长尺寸单元按一定排列方式形成的人工复合电磁结构。由于其基本单元和排列方式都可设计，因此能构造出传统材料和技术难以实现的超常规媒质参数，进而对电磁波进行灵活地操控，实现许多自然界不存在的新奇物理特性和应用。近二十年来，超材料一直是物理和信息领域的国际前沿和热点，相关成果四次入选《Science》所评选的年度"十大科技突破"和 21 世纪前十年的"十大科技突破"，被美国国防部列为"六大颠覆性基础研究领域"之首。

由于具有广泛的应用场景，非线性超材料(nonlinear meta-material)一直处于学术研究的前沿，文献[14]对近十年来非线性超材料的研究进展做了深入讨论。学术界认为纳米结构可以显著改变超材料的性能，对磁性纳米颗粒中自旋波谱(spin spectra)的尺寸依赖性进行修改，会影响非线性磁响应。文献[15]创造了一种增强型非线性的纳米结构磁性超材料，能够利用频谱离散化作用，消除来自纳米粒子的激发模式和自旋波模式之间的频率简并(degeneracy)，具有最低的磁阻尼，能够降低复合磁振子弛豫(multi-magnon relaxation)过程的强度。

超材料完美吸波体(metamaterial perfect absorber)能够

使通信设备具有极好的电磁波吸收能力，是未来无线通信射频器件的首选吸波材料。由于具有独特的电学、光学和机械性能，具有与石墨烯一样的高比表面积、高电导率的特点，又具有层间距和组分可调可控的优势，在微带天线、RFID 传感器、电磁感应充电、雷达和卫星通信以及光电学等领域有巨大的应用潜力。韩国科研人员在文献[16]中提出了一种利用外部寄生电容构造的双频超材料完美吸波体(dual-band metamaterial perfect absorber)模型，并在频率为300～3000MHz 的无线频段进行了演示。该研究团队通过在一个简单的亚表面上调整集总电容器(lumped capacitor)，在305MHz 和 360.5MHz 的工作波长下吸收体的厚度减少到原先的 1/378 和 1/320，在高达 55°的宽入射角范围内可保持 91%以上的吸收率，而且与入射波的偏振无关。大多数的片上完美超表面吸波体(perfect meta-absorber, PMA)依赖于复杂的光刻技术，但是在可见光以上频谱范围内的工程实践中，需要承担较大的制造成本，而且现有光刻技术很难在紫外波长以上的范围实现 PMA。我国中山大学的科研人员开发了一种超宽带 PMA[17]，由纳米复合材料(Au/SiO$_2$)组成，可以在硅衬底上较为容易地制造出超宽带、全向和偏振无关的 PMA，在可见光到紫外光频段范围内的吸收率接近 100%，而且制造成本较低。

石墨烯材料应用在通信设备上，能够使芯片处理能力和数据交换速率得到大幅提升，其良好的导热、导电和耐温特性能够降低设备功耗，也能提高设备散热能力，可以实现处理能力达到上万载频的集中式基带资源池。意大利罗马大学的研究团队在文献[18]中利用基片集成波导技术

(substrate integrated waveguide)抑制表面波传播和近场互耦效应，提高了亚太赫兹(sub-THz)集成电路中天线阵列的性能，补偿亚太赫兹射频信号源的有限功率，并在聚酰亚胺介质基片上设计并制造了 2×3 天线阵列的原型，厚度为125μm，天线的金属层涂有 500 纳米的石墨烯，可在 0.19～0.20 太赫兹范围内工作。与没有用石墨烯相比，该天线阵列激励结构的隔离度、辐射增益和效率分别平均提高28dB、6.3dBi 和 34%。此外，美国科学家在不显著降低晶体管性能的前提下，制造出三级石墨烯射频接收器集成电路，具备了实际移动通信应用的能力，显示了石墨烯电路的复杂性和硅互补金属氧化物半导体(silicon complementary metal-oxide-semiconductor)工艺之间具有很好的兼容性[19]。同时，学术界在石墨烯材料制备过程的研究也取得一定的成果，适合丝网印刷(screen-printing)技术的石墨烯墨水(graphene ink)能够生产，可以用于工作频率达到数十 GHz 的无线天线阵列[20]。

6.2.2　超表面

　　超表面(meta-surface)是超材料的二维形态，在无线通信、卫星通信、传感器和无线电力传输等领域有着较为广泛的应用，其中智能超表面是无线通信的学术前沿，全球发表论文和科研成果数量的增速较为明显。无论是已商用的 5G 系统，还是未来的 6G 网络，传统由铁电材料制造的大规模天线阵列(MIMO)较为笨重且功耗较高，不合适超高速率数据传输，缩减尺寸、降低定制成本、增加终端的适用性，就成为科研人员的研究重点。美国佐治亚理工大学的科研团队提出了利用一种新颖的超表面瓷片(tile)，以模块化的方式重构大规模可扩展 MIMO 及相控阵的方法。文献[21]采用 8 单元 2×2 子阵列验证了 29 GHz 频段的相控阵天线(如图 6.2 所示)，并进行了测试和演示。由超表面瓷片制成的天线能够灵活组合，应用于不同容量覆盖的区域，通信频率可达亚太赫兹频段(sub-THz frequency)范围，并且在曲率半径为 3.5cm 的情况下，性能不会明显下降，能够较好地应用于 5G/6G 网络。另外一种可重构反射超表面(reconfigurable reflective metasurface)技术可以应用在无线传感器(如近场通信)领域，它能够改变传播环境，改善无线

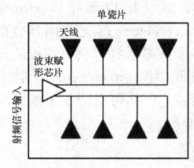
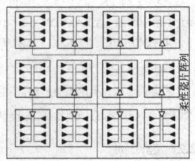

图 6.2　基于超表面瓷片的天线阵列示意图[21]

通信和功率传输。文献[22]提出了一种具有集成传感功能的可重构反射超表面，通过改变构成超表面的可调谐超原子(meta-atoms)，将入射波的一部分耦合到传感波导阵列，该科研团队演示了通过利用超表面可调谐的复用能力，能够有效减少获取感测信号射频传感器的数量。

6.2.3　基于超表面的光无线系统

用户对通信带宽的需求无止境，持续增长的数据流量正在不断耗尽无线通信的能力，无线频谱资源濒临匮乏。因此，电磁波在自由空间中传播的频率必须越来越高，波长越来越短。光波频段能为无线通信补充大量闲置的频谱资源，提供更大的带宽。现有光无线(optical wireless communication, OWC)系统依赖于传统光学元件的波束控制方法，无法兼顾大的波束控制角、任意的通道数、可重构性和小型化等问题，而采用超表面的相关理论和关键技术，研究紧凑的、大视场角度的、可切换的高速全双工光无线通信系统是当今学术界的热点。基于超表面的 OWC 系统已渐有雏形，文献[23]介绍了一种无源全介电超表面(passive all-dielectric metasurface)，用于 OWC 系统中的空分复用，它的消光比(extinction ratio)在整个 C 波段超过 20dB，为模式复用器和可见光通信技术的小型化提供了一种方法；文献[24]演示了一个可以集中控制红外光的波长和偏振，利用无源超表面在远程接入点(remote access point)控制红外波束的实验验证系统，该系统具有支持多光束的可扩展性和光束转向的灵活性，并且光学效率高，能够实现 20Gbps 传输速率。但是，这些系统仅停留在实验阶段，缺乏原型样机和系统验证。

中国信科集团下属光纤通信和网络国家重点实验室，以及国家光电子创新中心的研究团队，联合多家科研机构共同攻关，研制出可量产化的硅基超表面波束控制光学天线芯片，该芯片能够在 8 英寸 SOI 硅片上批量制造，如图 6.3 所示。该研究团队在文献[25]中介绍了利用这种芯片实现的超表面高速全双工光无线广播通信系统，该 OWC 系统下行和上行链路容量高达 100Gbps 和 10Gbps，波束指向角高达±40°，超广播器件尺寸缩小至 2×2mm，由 CMOS 成熟工艺制造。利用光波波段丰富的频谱范围，同时实现了超表面辅助波束控制和通信信号加载，进而实现了点到多点高速全双工光无线通信。

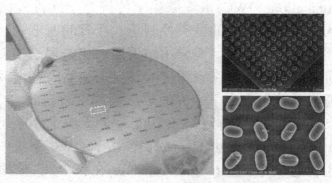

图 6.3　8 英寸 SOI 硅片上批量制造的超表面光芯片
和局部电镜图[25]

在超材料其他研究领域，东南大学崔铁军院士课题组提出"数字编码与可编程超材料"概念，用二进制数字编码来表征超材料，通过改变数字编码单元"0"和"1"的空间排布来控制电磁波[26]，使超材料由"静态"变为"动

态"，从"模拟"变为"数字"。之后该团队又提出"时间
编码超材料"[27]概念，其设计的可编程超表面在时间域上
按照相应的时间编码序列快速切换，可以在频率域产生谐
波能量分布。

6.3　无线物理层研究

6.3.1　信号的数学问题

　　无论多么高深复杂的通信技术，其本质就是传输一个
个符号。符号信息一般都是基于矩形方波的脉冲电平，对
应一个 Sinc 函数。为了使每个符号能够在大气空间中有效
传输，无线信号必须有能力对抗信号噪声干扰，并能够在
衰落信道和多径环境中高速传输数据。20 世纪 40 年代，
学术界在加性高斯白噪声(additive white gaussian noise,
AWGN)信道中，提出了奈奎斯特信号的通信容量上限。随
着移动用户对传输速率和通信容量的需求不断攀升，数据
流量呈指数增长，如何提高频谱效率是需要面对的关键挑
战。1975 年，James Mazo 从奈奎斯特的研究中提出了超奈
奎斯特(faster-than-Nyquist, FTN)传输技术[28]，信号可以实
现比传统奈奎斯特更快的符号速率，在大容量无线通信和
光通信中普遍得到应用。

　　当前学术界有观点认为，正交频分复用(OFDM)技术已
经不太适合下一代移动通信高速传输的要求，但要想实现
非正交波形在工程实践中的应用，必须在 FTN 的基础上解
决一些数学问题。FTN 信号由于其较小的脉冲间隙(较窄的
子载波间隔)，能够实现更高的频谱效率和容量，但是对于

非正交频分复用(NOFDM)却没有给出信号容量的数学表达式。北京邮电大学的研究团队在文献[29]中，以基于分数余弦变换的 NOFDM 为例，提出了 FrCT-NOFDM 的信号容量数学理论推导和表达式，如图 6.4 所示。当 α 设置为 0.8～1 之间时，通过采用最佳检测来消除干扰，信号容量极限可能高于奈奎斯特信号的容量极限。由于子载波不再正交，载波间干扰(inter-carrier interference, ICI)是一个不容忽视的问题。图 6.4 显示了 α 为 0.8 的信号容量极限的 ICI 概率密度函数，模拟曲线与理论曲线较为重合。该团队还在文献[30]中研究了基于分数哈特利变换(fractional Hartley transform)的非正交频分复用，信号传输速率也比传统奈奎斯特更快。

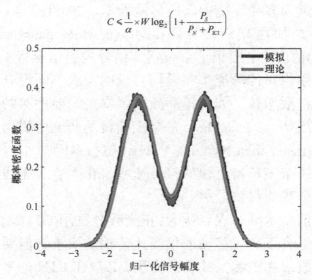

$$C \leqslant \frac{1}{\alpha} \times W \log_2\left(1 + \frac{P_S}{P_N + P_{\mathrm{ICI}}}\right)$$

图 6.4　信号容量限制的数学表达式以及 α 为 0.8 的 ICI
概率密度函数[29]

6.3.2 毫米波技术

纵观人类无线通信发展史，技术的每一次重大进步都伴随着电磁波不断利用和开发。频谱作为一种不可再生资源，是决定下一代移动通信技术成败的关键。如何充分扩展频率可用范围和提升频谱利用效率，是每一代移动通信技术所需考虑的重要问题。低频毫米波技术是当前主流，为了能有 300MHz 连续带宽频谱，5G 毫米波通常会使用 30GHz 左右频段进行传输。如果采用超过 100GHz 以上的高频毫米波，能使无线频谱更致密和更高效，也是提升频谱利用率的最佳途径。

毫米波器件中包含许多不同类型的高频电路，不同频率的毫米波所需要的机械与电气性能的要求也不尽相同。相比 6GHz 及以下的微波频率，用于短距回传链路的 30GHz 以上毫米波频率，关键电路材料参数(如介电常数)的设计要求就有很大的区别。采用合理的高频振荡电路是毫米波器件设计和制造所必须考虑的问题。目前，可重配置的纳米级自旋波(spin wave)磁振子耦合器可通过适当调配 Gilbert 阻尼因子来降低电子器件的功率消耗，使得有源射频器件在更高的频率下具有较低的损耗，让功率放大器能够平衡功耗效率和线性度之间的矛盾，从而获得最大信号增益。因此，该类型磁振子耦合器能够成为高频段电磁波信号处理装置的核心器件。自旋波比相同频率的电磁波短几个数量级，可以设计制造更小的纳米级别的通信收发天线。单个自旋波信号处理装置的设计和制造已经逐渐成熟，但是将各自分离的磁振子信号处理器件有效地相互连接，形成二维平面集成的自旋波电路仍然具有较大的挑战。

文献[31]利用微磁学(micro-magnetic)建模和其分析理论，基于两个横向相邻的纳米自旋波波导之间的偶极相互作用，提出了一种动态可重新配置的纳米级振动信号定向耦合器的设计方案，如图 6.5 所示。

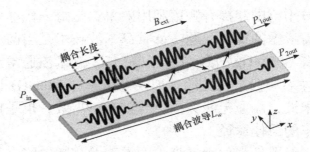

图 6.5　两个纳米自旋波磁振子示意图[31]

　　早期基于铁电材料的射频器件产生毫米波辐射源是学术界的主要研究方法。而近十年来，科学家们更希望从光源中产生毫米波信号，这种方式具有巨大的应用潜力。本质上，基于光子产生的毫米波是由频率间隔等于所需毫米波的两个或多个相干纵模组成的激光束，当纵向模式的光子在光电二极管中相互震动，就能产生所需的电毫米波。国际学术界已经提出并论证了多种光生毫米波的技术，例如：基于双模多波长激光器技术、光学外部调制、光学外差技术、基于四波混频的非线性特性的方法等，利用这些技术生成的 30GHz 以上电磁波，具有可调谐性，并且有着很好的信噪比。但是，由于双模激光器产生的信号存在相干性较低，缺乏一定的光谱纯度(spectral purity)，而且由于介质中均匀增益加宽，容易引起强模式竞争，使得普通掺铒光纤难以生成波长为 1.5μm 范围内的多个不同波长的激光束。目前，掺铒光子晶体光纤(微结构光纤)激光器在学术界认为是一种获得 30GHz 以上高质量连续毫米波的有效辐射源。文献[32]使用掺铒光子晶体光纤作为毫米波信号生成装置，设计了一种新的四单元密集介质贴片毫米波天线阵列，该装置能够生成 60GHz 以上连续稳定的毫米波辐射，在用于短距离通信时具有良好的阻抗带宽和 16dBi 的增益。

随着毫米波、太赫兹这种高功率微波(high-power microwaves, HPM)的应用，科研人员越来越关注民用 HPM 对通信系统的威胁。由于存在热效应，足够高的功率密度会导致无线通信接收设备(如低噪声放大器等)电路失效，甚至永久性损坏。美国科学家在《Science Advances》期刊发表论文，认为无线通信系统可以通过光子限制技术得到保护。该研究团队在文献[33]中展示了一种基于多层结构的自由空间反射毫米波限制器，该多层结构覆盖了二氧化钒(vanadium dioxide, VO_2)纳米层，该纳米层经过了从绝缘体到金属的相位转变(insulator-to-metal phase transition)热处理，是一种相变材料。控制入射波强度，可以使其成为可变反射器。在低强度下，VO_2 层仍是介电材料，能表现出很强的共振透射率(resonant transmittance)；如图 6.6 所示，当入射强度超过阈值水平时，该纳米层的金属相位转变特性就能高度反射 HPM，耗散一部分输入功率，因而不会损坏限制器；而在高斯波束(Gaussian beam)入射的情况下，该限幅器在高于极限阈值输入的情况下，输出功率几乎恒定不变。

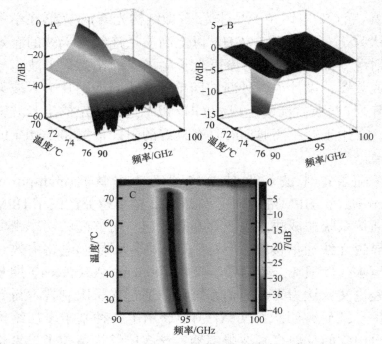

图 6.6　毫米波限制器在低输入功率和升高温度下
对毫米波的测量[33]

6.3.3　太赫兹技术

太赫兹通常是指频段为 0.1～10THz 的电磁波,在国际
电信联盟(ITU)指定的电磁波频段内,为 0.3～3THz,它是
整个电磁波频谱中最后一个跨度,在科学界被称为 THz
Gap。太赫兹拥有光波类似特性,曾经被认为是一种介于无
线电波和光波之间的过渡频带,并没有得到足够重视。但
是,由于太赫兹在能量非常低的情况下能够穿透多种物体
(只需 X 射线辐射量的百万分之一),最早应用于太赫兹成
像领域。在通信领域,虽然太赫兹数据传输速率能达到

100Gbps～1Tbps(是 5G 的 50 倍，4G 的 1000 倍)，而且太
赫兹脉冲宽度仅为皮秒量级，网络传输延迟比毫米波更低，
达到亚毫秒级，但是在大气中传播性能差，传输距离较短，
图 6.7 展示了当前太赫兹传输技术水平。因此，太赫兹波
段通常被认为适合于卫星间通信、固定无线宽带或者高速
室内覆盖等应用场景。近年来，太赫兹相关的研究领域，
包括：太赫兹芯片、太赫兹器件、太赫兹波生成、太赫兹
组网，一直都是学术界的研究热点。全球科研人员都进行
较为全面的研究，我国科学家也取得了较大的成果。

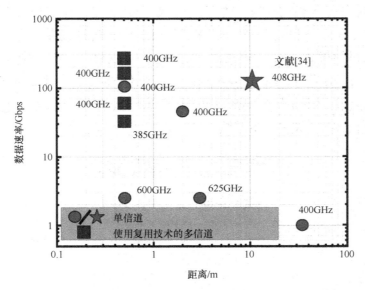

图 6.7 太赫兹当前传输距离和带宽的技术水平[34]

如果对每一个太赫兹基元(terahertz meta-element)单独
进行重新配置，使其允许控制波前整形(wavefront shaping)，
由此组成的动态可编程阵列在太赫兹无线通信、传感和成像

等应用中具有较大的价值。美国科学家在《Nature Electronics》期刊发表论文，设计了基于超表面的太赫兹大规模可编程(complementary metal-oxide-semiconductor, CMOS)全息芯片，文献[35]介绍了基于 CMOS 芯片的 2×2 阵列，由 576 个基元贴片拼接而成，每个基元可以单独寻址，使用标准的 65nm CMOS 工艺，对 8 个单元编程可以达到以 GHz 的速度进行控制，对有源电路耦合(active-circuit-coupled)的太赫兹基元结构进行重新配置，能够提供具有振幅和相位控制能力的数字可编程超表面，其中振幅调制深度大约 25dB，动态波束赋形角度在±30°，可以使用 0.3THz 的频谱进行多波束赋形和可编程全息投影。在太赫兹信号传输方面，加拿大科学家在文献[36]中提出将多尺度布拉格光栅(Bragg gratings)直接刻蚀在金属丝上，与多种波导设计相结合，实现了结构简单且具有强大信号处理能力的平台，如图 6.8 所示。该研究团队提出了一种四线波

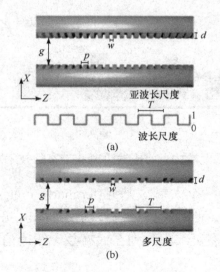

(a)

(b)

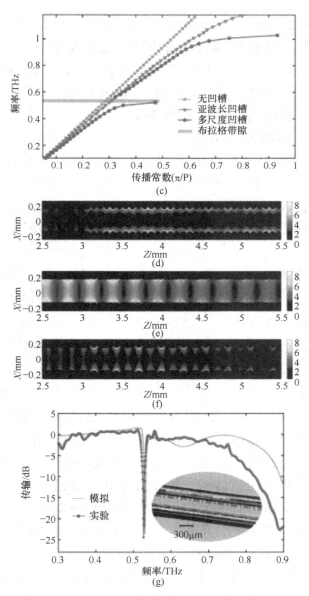

图 6.8　在基于双线波导几何结构刻蚀布拉格光栅[36]

导(four-wire waveguide)几何结构，能够支持在偏振复用下太赫兹信号低损耗和低色散传播。通过在电线上刻蚀基于多尺度结构布拉格光栅，能够独立控制两个偏振复用太赫兹信号，利用极化自由度(polarization degree of freedom)来提高太赫兹网络的容量和频谱效率。

在太赫兹器件方面，香港城市大学的科研人员设计了一个基于相变材料的有源太赫兹偏振器，研究团队在文献[37]中提出，该有源偏振器使用二氧化钒(vanadium dioxide，VO_2)材料和金属贴片矩阵形成阵列涂层，能够动态地重新配置太赫兹波的偏振。该有源偏振器结构简单，能在两个正交方向上独立控制太赫兹入射波的偏振，在较宽的工作带宽下，可以实现高效快速的太赫兹波偏振变化。此外，该偏振器还可以作为在相同频率下的高效能反射器，能够在自适应太赫兹电路和系统中高度集成。值得注意的是，该团队使用的相变材料与文献[33]相同，都是VO_2。

光子学技术在太赫兹通信发展中起到关键作用，最早日本科学家在文献[38]中阐述了光子学技术是如何应用于第一代太赫兹通信系统，并与其他竞争技术进行了比较(如自由空间光通信等)，给后来的研究人员带来了一定启发。如果太赫兹射频器件与光子学技术进行无缝连接，无线链路将会紧密集成到光通信网络的基础设施架构中，例如：使用太赫兹光纤(Terahertz-over fiber)或光纤到天线(fiber-to-the-antenna)等技术[39]。

在太赫兹波谱生成方面，太赫兹射频器件将利用波长可调的分布式反馈激光器阵列产生多个光学频率线(optical

frequency line)形成多光子集成电路，每条光频线可单独调制和编码数据，混合后产生太赫兹辐射。由于电子晶体管微型化的难度不断加大，用于射频前端集成电路的 CMOS 技术正在快速达到技术的极限，仅依靠全电子集成电路的方式产生太赫兹信号显得有些力不从心。丹麦科学家认为现在很多太赫兹发生器过于笨重，而基于光子集成电路(photonic integrated circuit, PIC)的太赫兹器件具有体积小、重量轻、功耗低等优点。该研究团队在文献[34]中提出了一种基于通用铸造制造(foundry-fabricated)技术的注入锁定外差(injection-locked heterodyne)源的 PIC，该电路连接到单程载波光电二极管(uni-traveling carrier photodiode)，根据两个单片集成分布式反馈(distributed feedback)激光器之间的波长间隔，产生 1.4THz 范围内的高纯度太赫兹载波，该方法产生 0.4THz 载波时的发射功率为 24dbm，传输速率达到 131Gbps，传输距离 10.7m。另外，在利用太赫兹构建无线以太网的应用中，链路发现是最为关键的挑战之一。在使用定向窄波束的移动终端网络中，为了维持链路质量，节点之间如何快速定位，方向信息对于波束成形和转向至关重要。美国科学家在文献[40]中使用漏波天线(leaky-wave antenna)和宽带发射机，仅依赖于太赫兹频谱宽度和漏波天线设备的辐射信息，不需要任何接收端信号的相位信息，就能实现一种快速链路发现的方法。

　　我国科学家在太赫兹研究方面也取得突破性进展。东南大学尤肖虎团队的"面向 6G 的 100/200GbE 光子太赫兹实时无缝融合通信系统"研究成果，获得 2022 年日内瓦国际发明展览会金奖。该团队在文献[41]和[42]中实现了太赫兹光纤一体融合传输架构，采用新型的光子辅助太赫兹技术路线，借助较为成熟的数字相干光模块，解决了传统太赫兹通信信号实时处理的难题，同时解决了太赫兹光纤混合信道信噪比受限问题。在 360～430GHz 太赫兹频段上，实现了单波长 103.125Gbps 和双波长 206.25Gbps 的高速实时 2×2MIMO 无线通信。相关成果在国家重点研发计划项目的支持下，由紫金山实验室联合东南大学、鹏城实验室、复旦大学和中国移动等科研单位共同完成。

6.4　新型网络架构研究

目前，在学术界新型网络基础架构的研究有两条完全不同的路径：一是与现有网络架构有较大区别，但能够与之相互兼容；二是完全颠覆传统网络的架构。在工程实践中，瑞士苏黎世大学的 SCION[43]新型互联网架构遵循的是第一种路径。该研究团队在文献[43]中介绍了未来网络架构的传输控制平面对路由路径进行跟踪的协议细节，以及在数据平面对网络架构的安全性和可信性进行重新设计和整合，并能与现有互联网兼容。新型网络架构在学术上仍有很多问题需要解决。数据从高度结构化的网络到大型无序拓扑网络，通常会不断地动态变化。从数学上讲，一般网络可以分解为单独的低维通信信道，但它会受到读出噪声(readout noise)的严重影响，如何通过不可靠节点(unreliable node)进行数据可靠传输是新型网络需要面对的基本问题之一。因此，新型网络要能理解作为高效的通信媒介，并在面对各种噪声的情况下进行数据传输和信息转换。意大利科学家从更为抽象的网络层面，在与线性单节点(linear single-node)相关的数学理论基础上，研究了噪声对网络拓扑中信息传输质量的影响。该研究团队在文献[44]中设计了一个架构，分析了复杂网络中的网络结构、噪声和连续数据包之间的干扰如何影响由线性动力控制的网络传输性能，并通过数学表达式量化了网络可靠传输高维输入的最大信息量。由于非正常网络可以通过暂时放大选定的输入维度而忽略其他维度，从而在很大程度上抵消噪声的影响，提高网络信息吞吐量。该团队研究的理论成果能够适用于新型网络架构的设计，对现有网络优化也具有参考意义。

量子互联网就是一种颠覆传统网络架构的新型网络体系。近几年，量子互联网成为下一代新型互联网体系架构的研究热点，学术界发表的论文如雨后春笋。量子互联网与传统互联网络最根本的区别是量子比特(qubits)的传输特性，qubits 不仅能单独传输 0/1 数据流，还可以对 0 和 1 进行叠加传输，并且能够在相互纠缠之后进行远距离关联传输。文献[45]、[46]和[47]都是发表在《Nature》和《Science》期刊上较为早期的量子互联网学术论文，除了介绍量子通信原理性的内容以外，还提出 qubits 能够在钻石芯片(diamond chips)中长距离传输。由于基于光子的纠缠在几百公里后会消失，使用钻石芯片制成的量子中继器可以在更长的距离上连接 qubits。甚至，荷兰纳米科学家罗纳德·汉森(Ronald Hanson)提出"在钻石芯片中连接许多 qubits 可能比扩展其他系统容易得多[47]"。我国科学家潘建伟院士团队在文献[48]中提出了一种基于量子互联网量子点

(quantum-dot)的高性能单光子源，这种基于耦合到微腔
(coupled to microcavities)的半导体量子点光源，在长距离固
态量子网络中具有较好的应用前景。日本科学家对量子互
联网的基础速率损失(fundamental rate-loss)方面做了一定
的量化权衡，文献[49]认为这种权衡与远距离量子传输所
需的规则(如量子密钥分发和量子中继器)本身没有本质区
别，提出了一个可以实用且有普适性的限制，使其能够把
握量子互联网的未来潜力。葡萄牙科学家关注的是当一个
量子网络的链路和节点出现故障时，它是否可靠，即在有
噪声环境下量子网络的鲁棒性。文献[50]提出基于典型噪
声(typical noisy)中继器节点的量子互联网容易发生不连续
相变(discontinuous phase transition)，导致链路和节点的随
机丢失，从而损害网络的连接质量，需要限制其操作范围。
此外，该团队还根据网络的拓扑、大小和纠缠分布，确定
避免灾难性的连接性损失所需的量子中继效率，对于所有
测试的网络拓扑，无标度网络拓扑(scale-free network
topology)在未来量子互联网应用中具有较好的前景。目前，
量子互联网的研究还仅处于起步和发展阶段，距离成熟应
用仍然还有很远的路要走。

6.5　未来发展趋势

6.5.1　空天地海一体化

空天地海一体化网络(space-air-ground-sea integrated
network, SAGSIN)是一种集成了卫星网络(satellite
network)、空中网络(aerial network)、陆地网络(terrestrial

network)和海洋网络(marine network)各种技术于一身的网络架构，能够对地球各个空间进行全面的无线信号覆盖，空天地海一体化被认为是下一代移动网络中最有前途的技术之一。

我国科学家前期对空天地网络(space-air-ground integrated network, SAGIN)进行了研究，并不断向海洋拓展，形成了 SAGSIN 的网络架构体系，并在研究中取得了较大的成果。文献[51]研究了天基网络、空基网络和陆基网络相融合的综合网络架构体系，并针对我国铁路系统的特点，较早地提出了基于空天地网络对高速铁路技术发展的推动和具体的应用实例。文献[52]开发了一个 SAGIN 仿真平台，该平台支持虚拟各种空间、空中和陆地的移动轨迹和协议，实现了集中式和分散式控制器，具有网络优化访问控制和资源编排等功能。我国科学家也最早讨论 SAGSIN 的安全问题，并对其进行深入研究。西北工业大学的郭鸿志教授团队在文献[53]中，根据空天地一体化的多层网络(multi-layer network)、开放式的通信环境以及时变拓扑机构之间的协作特点，阐述了 SAGSIN 所面临的安全挑战。该研究团队从安全威胁、攻击方法和防御对策等几个方面，介绍了 SAGSIN 有关安全领域的最新学术进展和研究工作，并介绍了针对空天地海一体化网络跨层网络攻击的一些安全对策。

境外科学家更专注于 SAGSIN 网络的基础性研究。卫星、空中、陆地和海洋网络之间除了通过无线微波传输以外，自由空间光通信也是其重要的技术手段。对于星地之间无线微波传输方式，卫星天线的稳定性和性能是数据高速传输的关键。马来西亚科学家利用超材料技术制作了立方体通信卫星的平面天线，文献[54]介绍了基于超材料阵列的弯曲线(meander line)平面天线，并成功商用于 2U 立方体卫星(2U Cube Satellite)和机载子系统。该天线由两层组成，一层是两个不同宽度的部分平面弯曲线贴片，另一层是具有地平面的近零索引(near-zero-indexed)超材料 3×2 阵列结构，在提高天线增益和效率的同时也提高频率稳定性。该天线可以在 443.5～455MHz 频段内工作，平均峰值增益为 2.5dB。学术界也设计过一些类似的卫星通信天线，但更关心的是尺寸、体积和功耗越来越小的 X 波段反射式卫星天线阵列，通常用于纳米卫星(nanosatellite)通信[55]。目前，自由空间光通信的研究逐渐成熟，通常使用波长为 800～860nm(ALGaAs)或 970～1010nm(InGaAs)的二极管激光器，很少用到紫外光波段。我国台湾地区的科学家在文献[56]中介绍了基于紫外激光二极管(Violet laser diode, VLD)的点对点数据传输实验，如图 6.9 所示，搭建了一种超高速自由空间光通信的实验系统。该系统使用 64-QAM DMT 调制技术对来自 VLD 的数据流进行编码，在 0.5～1m 的自由空间中，链路点对点传输的速率能够达到 26.4Gbps。在使用高速 PIN 光电二极管连接后，在前向误差校准下，VLD-FSO 链路的误差向量幅度(error vector magnitude, EVM)为 8.57%，信噪比为 21.34dB，误码率为 3.17×10^{-3}。

　　SAGSIN 网络架构中最大的挑战来自水下通信，光和微波在水中传播衰减损耗较大，很难远距离传输；而声波是机械纵波，在水下传输距离较远，但传输时延大、速率

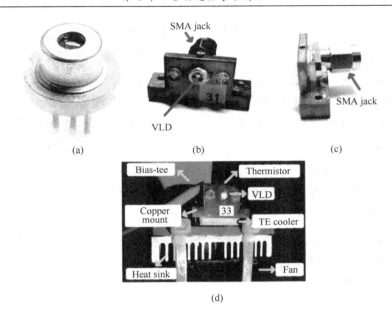

图 6.9　0.5 米点对点 VLD 系统的实验装置[56]

VLD：紫外激光二极管；SMA jack：超小型护套；Bias-tee：偏置电源；
Copper mount：铜底座；Heat sink：散热器；Thermistor：热敏电阻；
TE cooler：热电冷凝器；Fan：风扇

低。如何使现有通信系统在水下高效率地传输数据，是当前学术界研究的重点之一。水下激光短距通信是利用激光载波在水下进行较短距离数据传输的技术，是未来水下通信较为可行的方法之一。由于光波在水下传播会被水体吸收并存在散射衰减的特性，尤其是在高混浊的港口水域环境中，传输效率有待提高。我国台湾地区的科研团队成功构建了一个 400Gbps 波分复用(wavelength-division-multiplexing, WDM)四电平脉冲幅度调制(pulse amplitude modulation, PAM4)的光无线通信(OWC)系统，能够在 200m 自由空间中传输。文献[57]介绍了在实验环境中包含"清水-空气-清水"、长度为 8.8m 的管道链路(如果是浊水为 6.5m)，在共 200m 自由空间中，将 PAM4 调制与 8 波长 WDM 相结合的方案，自由空间采用双透镜传输，WDM-PAM4 OWC 系统的总体传输速率达到 400Gbps，该实验证明在 8.8m 的水下传输数据衰减较小。但是在真实海洋环境中，需要考虑不同波浪形态和水中气泡对数据传输的影响。香港中文大学的科研人员在文献[58]和[59]中提出了一种根据海浪的不同特性，对"空气-水"的 OWC 主动自适应加载方案，提出了气泡和波浪影响的临界限制和有效缓解方法，通过对信道建模、设备创新和系统设计优化的研究，可以实现较为健壮的水下和"水-空气"的 OWC 传输系统。

6.5.2　通信感知技术

通信感知一体化是物联网发展的更高阶段，它是包括触觉互联网、视觉互联网等利用传感器互连传递数据的智能网络。触觉机器人是通信感知一体化技术的典型应用，未来类似的场景也会不断涌现。1994 年，Ken Goldberg 和他的同事提出"互联网机器人"(Internet-based robot)的概念[60]。由于近几年人工智能技术不断发展，智能化和移动化成为互联网机器人主要功能，而感知能力却被逐渐弱化。在具有超高传输速率和极低时延的网络环境下，通信感知技术将重新获得生机。文献[60]提出一种机器人自主感知模型(robot autonomous perception model)，建立分布式结构机器人控制系统，使得机器人有着极强的触觉和视觉感知能力，并能够通过移动网络分享感知信息。

近场通信(near-field communication, NFC)是近20年来出现的一种高安全、无线、短距离的数据交换技术，它能够在设备之间同时传输电力和数据，其中微型、无电池(battery-free)和一次性传感系统能够为医疗健康和食品监测等应用提供令人兴奋的机会[61]。由可穿戴式和植入式传感器连接在一起的多点无线网络，能够在身体区域形成安全、无缝和多功能的通信链路，可以为人类提供有参与感的娱乐或者先进的医疗服务。美国科学家在文献[62]中展示了一种在新型织物集成(textile-integrated)超材料上长距离传输NFC磁感应波数据，并沿着多个物体之间传输的实验。该超材料由离散的各向异性磁感应元件(anisotropic magneto-inductive elements)阵列构成，能够在各种NFC的设备之间实现无电池通信，这种通信方式可以跨越不同的衣服织物、物体和人，具有较大的扩展潜力。

近几年，学术界提出人体通信(human body communication, HBC)的新概念，利用人类高含水量的人体组织作为低损耗传输介质，通过HBC设备取得人体信息并可向对方发送信息的一种新兴通信技术。HBC技术将人身上的各种可穿戴设备或植入设备组建局部互连的网络，能够减少外界电磁干扰，也无需复杂的连接方式，是一种高效率和高安全性的信息交换方式。人类的身体组织可以看作一种电子设备或者终端，甚至是网络中间的某个节点。传统可穿戴设备之间的通信技术大多通过微型天线，或者通过窄带电磁信号耦合于人体进行通信，这种信息传递方式都会向外发送过多的电磁波辐射，安全性得不到有效保障。美国科学家在文献[63]中介绍了电子准静态(electro-quasistatic)人体通信，在人体体内传播低频电磁波定位信号，使附近的窃听者极难截获关键的私人数据，从而产生隐蔽的人体通信信道。该研究团队将无线数据传输限制在人体内，信号经过人体皮下组织进行通信，可以利用全带宽而不仅仅是载波频率的部分带宽，能最大化提升信道容量和形成物理层安全的私密通信信道。

6.5.3　基于人工智能的无线通信

移动通信的发展一直领先于人工智能 (artificial intelligence, AI)，但是随着硬件计算能力和神经形态计算理论的不断提升和完善，人工智能得到迅猛发展。网络应用场景对交互性、灵活性和可靠性会有更高要求，依靠孤立的网络系统不能达到数字协同效果。无线网络能够根据用户的类型动态选择不同的无线接入技术，能够根据需求以软件定义的方式配置网络资源，能够自动完成网络错误排查并提出修复方案。文献[64]介绍了一种利用多层可编程超表面构建直接处理无线电波的衍射神经网络(diffractive neural network)的方法。该设计方案利用 FPGA 电路控制的多层可编程超表面实现神经网络操作，在接收器之前对传输的电磁波进行分层互连和调制，接收器在检测过程中测量场强，以实现从复域到实域的非线性映射，如图 6.10 所示。该研究团队认为面对未来高通量数据传输和传感日益增长的需求，采用人工智能技术直接处理无线电波信号是下一代移动通信和传感网络的有效替代手段。

边缘智能将深度学习与边缘计算相结合，利用人工智能赋能移动通信网络，是边缘计算更高层面的发展阶段。

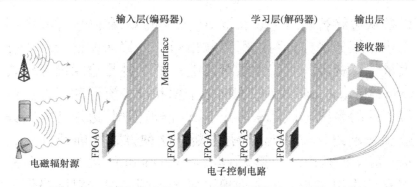

图 6.10 多层可编程超表面构建直接处理无线电波的
衍射神经网络[64]

边缘智能使边缘网络中各计算节点根据 AI 学习算法提供
具有实时数据分析、环境情景感知、网络资源配置、弹性
自主适应等功能的智能网络服务。文献[65]认为部署边缘
智能的网络具有自主学习能力，无论是机器学习、深度学
习 、 强 化 学 习 (reinforcement learning) 还 是 联 邦 学 习
(federated learning)的训练/推理等算法都能在边缘计算设
备中运行，能够动态智能调配所在区域的空、时、频资源
和自主适应网络发生的各种弹性变化。边缘智能中的边缘
计算站点存在异构网络之间的边缘交叉通信 (cross-
edge)[65]，边缘站点既包括无线通信基站控制器，也包括物
联网传感设备、高清摄像头和无人机等。边缘智能架构由
AI 算法和边缘设备所处不同的位置决定，文献[66]定义了
4 种边缘智能网络架构模式，最简单的是基于边缘模式
(edge-based mode)，所有智能计算都来自边缘智能服务端，
轻量级终端与之通信，主要缺点是学习/推理性能过于依赖
网络带宽；其次是基于设备模式(device-based mode)，移动

设备从边缘智能服务端获取 AI 推理模型,在推理过程中不与边缘服务通信,可进行可靠推断,但移动设备上需要有大量计算资源,属于重量级终端;第 3 种是边缘设备模式(edge-device mode),根据网络带宽和设备资源和工作负荷等不同的系统环境因素来定义 AI 推理模型,边缘智能服务端和移动终端都参与学习/推断,这种方式比前两种更灵活;第 4 种是边缘云模式(edge-cloud mode),边缘智能服务与云计算相结合,将推理模型置于云端,但是对网络带宽和可靠性有较高要求。

参 考 文 献

[1] Maxwell J C. On physical lines of force[J]. Philosophical Magazine, 2010, 90(S1): 11-23.

[2] Wang Z L. On the expanded Maxwell's equations for moving charged media system-General theory, mathematical solutions and applications in TENG[J]. Materials Today, 2022, 52: 348-363.

[3] Shannon C E. A mathematical theory of communication[J]. The Bell System Technical Journal, 1948, 27(3): 379-423.

[4] Shannon C E. Communication in the presence of noise[J]. Proceedings of the IRE, 1949, 37(1): 10-21.

[5] Gabor D. Theory of communication. Part 1: The analysis of information[J]. Journal of the Institution of Electrical Engineers-part III: Radio and Communication Engineering, 1946, 93(26): 429-441.

[6] Turing A M. On computable numbers, with an application to the Entscheidungsproblem[J]. Journal of Mathematics, 1936, 58(345-363): 5.

[7] Sorokina M A, Turitsyn S K. Regeneration limit of classical Shannon capacity[J]. Nature Communications, 2014, 5(1): 1-6.

[8] Giovannetti V, Lloyd S, Maccone L, et al. Electromagnetic channel capacity for practical purposes[J]. Nature Photonics, 2013, 7(10): 834-838.

[9] Tang J. The Shannon channel capacity of dispersion-free nonlinear optical fiber transmission[J]. Journal of Lightwave Technology, 2001, 19(8): 1104.

[10] Markov I L. Limits on fundamental limits to computation[J]. Nature, 2014,

512(7513): 147-154.

[11] Elkouss D, Pérez-García D. Memory effects can make the transmission capability of a communication channel uncomputable[J]. Nature Communications, 2018, 9(1): 1-5.

[12] Bennett C H, Shor P W. Quantum channel capacities[J]. Science, 2004, 303(5665): 1784-1787.

[13] Yu S, Meng Y, Patel R B, et al. Experimental observation of coherent-information superadditivity in a dephrasure channel[J]. Physical Review Letters, 2020, 125(6): 060502.

[14] Lapine M, Shadrivov I V, Kivshar Y S. Colloquium: Nonlinear metamaterials[J]. Reviews of Modern Physics, 2014, 86(3): 1093.

[15] Kobljanskyj Y, Melkov G, Guslienko K, et al. Nano-structured magnetic metamaterial with enhanced nonlinear properties[J]. Scientific Reports, 2012, 2(1): 1-6.

[16] Khuyen B X, Tung B S, Kim Y J, et al. Ultra-subwavelength thickness for dual/triple-band metamaterial absorber at very low frequency[J]. Scientific Reports, 2018, 8(1): 1-9.

[17] Lin Y S, Chen W. Perfect meta-absorber by using pod-like nanostructures with ultra-broadband, omnidirectional, and polarization-independent characteristics[J]. Scientific Reports, 2018, 8(1): 1-9.

[18] Alibakhshikenari M, Virdee B S, Salekzamankhani S, et al. High-isolation antenna array using SIW and realized with a graphene layer for sub-terahertz wireless applications[J]. Scientific Reports, 2021, 11(1): 1-14.

[19] Han S J, Garcia A V, Oida S, et al. Graphene radio frequency receiver integrated circuit[J]. Nature Communications, 2014, 5(1): 1-6.

[20] Pan K, Fan Y, Leng T, et al. Sustainable production of highly conductive multilayer graphene ink for wireless connectivity and IoT applications[J]. Nature Communications, 2018, 9(1): 1-10.

[21] He X, Cui Y, Tentzeris M M. Tile-based massively scalable MIMO and phased arrays for 5G/B5G-enabled smart skins and reconfigurable intelligent surfaces[J]. Scientific Reports, 2022, 12(1): 1-10.

[22] Alamzadeh I, Alexandropoulos G C, Shlezinger N, et al. A reconfigurable intelligent surface with integrated sensing capability[J]. Scientific Reports, 2021, 11(1): 1-10.

[23] Kruk S, Ferreira F, Mac Suibhne N, et al. Transparent dielectric metasurfaces

for spatial mode multiplexing[J]. Laser & Photonics Reviews, 2018, 12(8): 1800031.

[24] Huang J, Li C, Lei Y, et al. A 20-Gbps beam-steered infrared wireless link enabled by a passively field-programmable metasurface[J]. Laser & Photonics Reviews, 2021, 15(1): 2000266.

[25] Tao J, You Q, Li Z, et al. Mass-manufactured beam-steering metasurfaces for high-speed full-duplex optical wireless-broadcasting communications[J]. Advanced Materials, 2022, 34(6): 2106080.

[26] Cui T J, Qi M Q, Wan X, et al. Coding metamaterials, digital metamaterials and programmable metamaterials[J]. Light: Science & Applications, 2014, 3(10): e218.

[27] Zhang L, Chen X Q, Liu S, et al. Space-time-coding digital metasurfaces[J]. Nature Communications, 2018, 9(1): 1-11.

[28] Mazo J E. Faster-than-Nyquist signaling[J]. The Bell System Technical Journal, 1975, 54(8): 1451-1462.

[29] Zhou J, Qiao Y, Yang Z, et al. Capacity limit for faster-than-Nyquist non-orthogonal frequency-division multiplexing signaling[J]. Scientific Reports, 2017, 7(1): 1-11.

[30] Zhou J, Qiao Y, Yang Z, et al. Faster-than-Nyquist non-orthogonal frequency-division multiplexing based on fractional Hartley transform[J]. Optics Letters, 2016, 41(19): 4488-4491.

[31] Wang Q, Pirro P, Verba R, et al. Reconfigurable nanoscale spin-wave directional coupler[J]. Science Advances, 2018, 4(1): e1701517.

[32] Alavi S E, Soltanian M R K, Amiri I S, et al. Towards 5G: A photonic based millimeter wave signal generation for applying in 5G access fronthaul[J]. Scientific Reports, 2016, 6(1): 1-11.

[33] Kononchuk R, Suwunnarat S, Hilario M S, et al. A reflective millimeter-wave photonic limiter[J]. Science Advances, 2022, 8(2): eabh1827.

[34] Jia S, Lo M C, Zhang L, et al. Integrated dual-laser photonic chip for high-purity carrier generation enabling ultrafast terahertz wireless communications[J]. Nature Communications, 2022, 13(1): 1-8.

[35] Venkatesh S, Lu X, Saeidi H, et al. A high-speed programmable and scalable terahertz holographic metasurface based on tiled CMOS chips[J]. Nature Electronics, 2020, 3(12): 785-793.

[36] Dong J, Tomasino A, Balistreri G, et al. Versatile metal-wire waveguides for

broadband terahertz signal processing and multiplexing[J]. Nature Communications, 2022, 13(1): 1-8.

[37] Wong H, Wang K X, Huitema L, et al. Active meta polarizer for terahertz frequencies[J]. Scientific Reports, 2020, 10(1): 1-9.

[38] Nagatsuma T, Ducournau G, Renaud C C. Advances in terahertz communications accelerated by photonics[J]. Nature Photonics, 2016, 10(6): 371-379.

[39] Ducournau G. T-ray modulation of light for future THz radios[J]. Nature Photonics, 2019, 13(8): 511-513.

[40] Ghasempour Y, Shrestha R, Charous A, et al. Single-shot link discovery for terahertz wireless networks[J]. Nature Communications, 2020, 11(1): 1-6.

[41] Zhang J, Zhu M, Hua B, et al. 6G oriented 100 GbE real-time demonstration of fiber-THz-fiber seamless communication enabled by photonics[C]//2022 Optical Fiber Communications Conference and Exhibition (OFC), 2022: 1-3.

[42] Zhang J, Zhu M, Lei M, et al. Demonstration of real-time 125.516Gbit/s transparent fiber-THz-fiber link transmission at 360GHz~430GHz based on photonic down-conversion[C]//Optical Fiber Communication Conference & Exposition, San Diego, 2022.

[43] Barrera D, Chuat L, Perrig A, et al. The scion internet architecture[J]. Communications of the ACM, 2017, 60(6): 56-65.

[44] Baggio G, Rutten V, Hennequin G, et al. Efficient communication over complex dynamical networks: The role of matrix non-normality[J]. Science Advances, 2020, 6(22): eaba2282.

[45] Wehner S, Elkouss D, Hanson R. Quantum internet: A vision for the road ahead[J]. Science, 2018, 362(6412): eaam9288.

[46] van Noorden R. Diamond shows promise for a quantum Internet[J]. Nature, 2013. DOI: 10.1038/nature. 2013. 12870.

[47] Bernien H, Hensen B, Pfaff W, et al. Heralded entanglement between solid-state qubits separated by three metres[J]. Nature, 2013, 497(7447): 86-90.

[48] Lu C Y, Pan J W. Quantum-dot single-photon sources for the quantum internet[J]. Nature Nanotechnology, 2021, 16(12): 1294-1296.

[49] Azuma K, Mizutani A, Lo H K. Fundamental rate-loss trade-off for the quantum internet[J]. Nature Communications, 2016, 7(1): 1-8.

[50] Coutinho B C, Munro W J, Nemoto K, et al. Robustness of noisy quantum networks[J]. Communications Physics, 2022, 5(1): 1-9.

[51] Liu J, Shi Y, Fadlullah Z M, et al. Space-air-ground integrated network: A survey[J]. IEEE Communications Surveys & Tutorials, 2018, 20(4): 2714-2741.

[52] Cheng N, Quan W, Shi W, et al. A comprehensive simulation platform for space-air-ground integrated network[J]. IEEE Wireless Communications, 2020, 27(1): 178-185.

[53] Guo H, Li J, Liu J, et al. A survey on space-air-ground-sea integrated network security in 6G[J]. IEEE Communications Surveys & Tutorials, 2021, 24(1): 53-87.

[54] Alam T, Almutairi A F, Samsuzzaman M, et al. Metamaterial array based meander line planar antenna for cube satellite communication[J]. Scientific Reports, 2021, 11(1): 1-12.

[55] Ma B, Lu F, Zhi G, et al. Development of an X-band reflectarray antenna for satellite communications[J]. Scientific Reports, 2021, 11(1): 1-9.

[56] Wang W C, Wang H Y, Lin G R. Ultrahigh-speed violet laser diode based free-space optical communication beyond 25Gbit/s[J]. Scientific Reports, 2018, 8(1): 1-7.

[57] Lu H H, Li C Y, Huang X H, et al. A 400-Gb/s WDM-PAM4 OWC system through the free-space transmission with a water-air-water link[J]. Scientific Reports, 2021, 11(1): 1-9.

[58] Shao Y, Di Y, Chen L K. Adaptive loading for water-air SIMO OWC system based on the temporal and spatial properties of waves[C]//Optical Fiber Communication Conference. Optica Publishing Group, 2021: Th5E. 2.

[59] Chen L K, Shao Y, Di Y. Underwater and water-air optical wireless communication[J]. Journal of Lightwave Technology, 2022, 40(5): 1440-1452.

[60] Gao Z D, Su J B, Zhou W. Robot autonomous perception model for internet-based intelligent robotic system[C]//2005 International Conference on Machine Learning and Cybernetics, 2005, 1: 67-71.

[61] Olenik S, Lee H S, Güder F. The future of near-field communication-based wireless sensing[J]. Nature Reviews Materials, 2021, 6(4): 286-288.

[62] Hajiaghajani A, Zargari A H A, Dautta M, et al. Textile-integrated metamaterials for near-field multibody area networks[J]. Nature Electronics, 2021, 4(11): 808-817.

[63] Das D, Maity S, Chatterjee B, et al. Enabling covert body area network using

electro-quasistatic human body communication[J]. Scientific Reports, 2019, 9(1): 1-14.

[64] Lin X. Artificial intelligence built on wireless signals[J]. Nature Electronics, 2022, 5(2): 69-70.

[65] Jin H, Jia L, Zhou Z. Boosting edge intelligence with collaborative cross-edge analytics[J]. IEEE Internet of Things Journal, 2020, 8(4): 2444-2458.

[66] Zhou Z, Chen X, Li E, et al. Edge intelligence: Paving the last mile of artificial intelligence with edge computing[J]. Proceedings of the IEEE, 2019, 107(8): 1738-1762.

第7章 网络通信关键指标和技术演进

7.1 关 键 指 标

目前我国已建成全国最大的移动与固定宽带网络，截至 2021 年底，我国铺设光纤线缆总长度达到 5488 万公里，移动基站总数达到 996 万个，移动电话用户数达到 16.43 亿。网络与通信领域关键指标见下表 7.1。

表 7.1　网络与通信领域关键指标

分类	序号	指标	数据 2020～2021 年或最新	国际水平
宽带网络设施	1	FTTH 宽带用户占比	94.7%	韩国 82.8%
	2	千兆固定宽带用户比例	6.4%	暂无
	3	4G/5G 网络覆盖人口比例	100%	国际先进水平 100%
	4	5G 渗透率	21.6%	国际平均水平 8%
互联网网络设施	5	IPv6 用户占互联网用户比例	37.65%	国际平均水平 28.29%
	6	IPv6 流量占比	9.38%	—
	7	每互联网用户平均国际出入口带宽	43kbps	国际平均水平 190.1kbps

续表

分类	序号	指标	数据 2020～2021 年或最新	国际水平
产业互联网	8	工业互联网标识解析公共服务节点数	165 个	—
	9	蜂窝物联网终端用户数	15.6 亿户	—
卫星	10	通信卫星规模	499 颗	排名第一国家 2944 颗
数字经济	11	数字经济规模	2020 年为 5.4 万亿美元	世界第二

(1) FTTH 宽带用户占比:计算方法为光纤到户(FTTH)用户数除以总固定宽带用户数。该指标反映一个国家的光纤宽带网络推进情况和光纤用户发展水平。截至 2021 年底,我国 FTTH 宽带用户占比达到 94.7%,居世界第一[1]。排名第 2 的国家韩国 FTTH 宽带用户占比为 85.86%[2]。

(2) 千兆固定宽带用户比例:计算方法为千兆固定宽带用户数除以全部固定宽带用户数。截至 2021 年底,我国千兆宽带用户数达到 3456 万户,千兆固定宽带用户渗透率达到 6.4%[1]。我国千兆固定宽带用户发展正处于起步阶段,较国际先进水平国家,如韩国、新加坡存在一定差距。

(3) 4G/5G 网络覆盖人口比例:计算方法为 4G/5G 移动通信网络覆盖人口除以全国总人口,体现一个国家的 4G/5G 网络覆盖水平。目前我国 4G/5G 网络已实现全国人口全覆盖,处于国际领先水平。

(4) 5G 渗透率：计算方法为 5G 移动用户数量比上总移动用户数量。该指标体现一个国家 5G 用户的发展水平，衡量 5G 网络的使用情况。截至 2021 年底，我国累计建成并开通 5G 基站 142.5 万个，建成全球最大 5G 网络。我国移动电话用户规模 16.43 亿户，其中，4G 和 5G 用户分别达到 10.69 亿户和 3.55 亿户，5G 用户渗透率达到 21.6%，在国际上处于领先水平[1]。

(5) IPv6 用户占互联网用户比例：指分配到 IPv6 地址且能正常访问 IPv6 业务的用户占互联网用户总数的比例，即 IPv6 渗透率。该指标体现一个国家的 IPv6 普及水平。经亚太互联网络信息中心(APNIC)测算，截至 2021 年底我国 IPv6 渗透率达到 37.65%，高于国际平均水平，但与领先水平相比仍存在一定差距[3]。

(6) IPv6 流量占比：指 IPv6 流量占互联网总流量比例。截至 2021 年底，我国 IPv6 流量占比仅为 9.38%，主要是因为家庭网关的升级改造没有跟上[3]。

(7) 每互联网用户平均国际出入口带宽：指每个互联网用户获得的平均国际出入口带宽，计算方法为总互联网国际出入口带宽除以互联网用户数。2020 年底，我国互联网国际出口带宽为 11.51Tbps，每互联网用户平均国际带宽仅为十几 kbps，虽然较 2019 年底增长 30.4%[4]，但较国际一般水平仍存在较大差距。

(8) 工业互联网标识解析公共服务节点数：该指标可以反映我国工业互联网标识解析能力，截至 2021 年 11 月，我国工业互联网标识解析公共服务节点数已有 165 个[5]。

(9) 蜂窝物联网终端用户数：该指标能够反映蜂窝通

信物联网的用户普及水平，体现一个国家蜂窝通信在助力万物互联，赋能工业物联方面的能力。截至 2022 年 4 月，我国蜂窝物联网终端用户数达到 15.6 亿户，比 2021 年末净增 1.59 亿户，比 2021 年同期增长 26.1%。

(10) 通信卫星规模：指一个国家通信广播卫星的数量。目前我国正在运行的通信卫星数量为 499 颗，数量上居世界第二。

(11) 数字经济规模：指信息技术对传统产业渗透带来的产出增加、效率提升的经济总量。2020 年，美国数字经济规模居世界第一，为 13.6 万亿美元。中国数字经济位居世界第二，规模为 5.4 万亿美元[6]。

7.2　技术挑战和演进趋势

随着 5G 移动信息网络的加速构建，5G 网络与各行业应用的垂直整合面临较大挑战，6G 研发加速布局。互联网作为支撑未来十年全球信息传输基础设施的主导体系架构，面临万物互联、万事互联时代 toB、toM、toX、高速核心器件等多样化需求带来的前所未有挑战。在网络流量的爆发式增长、陆海空天全覆盖和"双碳"背景下，网络需满足巨容量、大连接、广覆盖、高可靠、绿色节能、低成本等需求，弹性智能网络架构、服务质量、用户体验、网络安全性和可靠性等是网络通信领域面临的重要挑战。

为应对上述挑战，网络通信技术正不断演进。光纤通信技术整体上朝着大容量、集成化、灵活化的方向发展，如图 7.1 所示。在传送网方面，业务驱动向全光高速传送演进，波分复用技术极大提升了单纤传输容量，从最初的单波 10G、100G 速率到现在的 200G、400G 速率，未来将向单波 800G 速率迈进。OTN 技术的分组化与智能化，形成分组增强型 OTN，目前新型 OTN 技术已具备多样化业务的智能承载能力。交换技术向分组化演进，分组传送网(PTN)在不断演进中融合承载传统 SDH 等业务，具备大容量、智能化承载能力，能够支持 L3 级 VPN。目前 PTN 朝着低时延、切片化以及 L3 连接灵活化方向发展，形成新一代的切片分组网络(SPN)。在光接入网方面，无源光网络(PON)端口速率从 Gbps，迈向 10G、40G 速率。目前 50G-PON 标准正在制定中，在引入 SDN/NFV 技术后，也将具备切片隔离与业务感知能力。

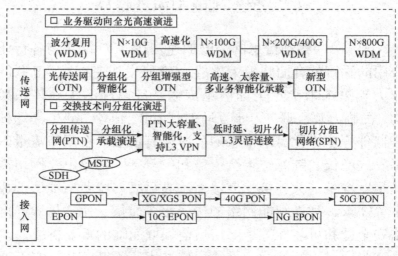

图 7.1　光纤通信技术演进

移动通信技术历经了从 1G 到 5G 的发展与突破。近几十年来，我国移动通信技术已取得显著成就。如图 7.2 所示，初期 1G 移动通信技术仅支持模拟话音业务，2G 实现从模拟到数字的关键突破，支持 100kbps 的数据业务，具有 GSM 与 IS-95 两种制式。3G 采用码分多址技术，GSM 演进成为 TD-SCDMA 与 WCDMA，IS-95 演进为 CDMA2000，均支持分组域传输，数据业务速率达到 10Mbps，多媒体业务开始蓬勃发展。4G 具有 TD-LTE 与 FDD-LTE 两种制式，但均采用正交频分复用多址接入以及多天线技术，传输数据分组化，网络架构扁平化，使高移动性业务峰值速率能够达到 100Mbps。5G 实现了通信制式的统一，并进一步采用大规模天线技术以及灵活化的空口协议，使用户接入速率进一步提升，峰值速率能够达到 10Gbps，用户体验速率达到 100Mbps。随着每十年移动通信技术就将产生重大变革，未来 6G 技术将进一步拓展，

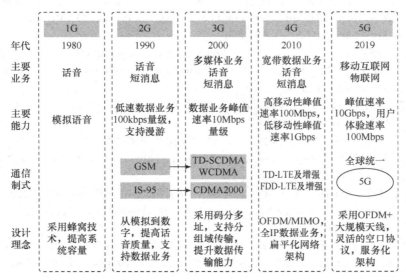

	1G	2G	3G	4G	5G
年代	1980	1990	2000	2010	2019
主要业务	话音	话音 短消息	多媒体业务 话音 短消息	宽带数据业务 话音 短消息	移动互联网 物联网
主要能力	模拟语音	低速数据业务 100kbps量级， 支持漫游	数据业务峰值 速率10Mbps 量级	高移动性峰值 速率100Mbps， 低移动性峰值 速率1Gbps	峰值速率 10Gbps，用户 体验速率 100Mbps
通信制式		GSM → TD-SCDMA WCDMA IS-95 → CDMA2000		TD-LTE及增强 FDD-LTE及增强	全球统一 5G
设计理念	采用蜂窝技术，提高系统容量	从模拟到数字，提高话音质量，支持数据业务	采用码分多址，支持分组域传输，提升数据传输能力	OFDM/MIMO，全IP数据业务，扁平化网络架构	采用OFDM+大规模天线，灵活的空口协议，服务化架构

图 7.2　移动通信技术演进

人工智能、太赫兹通信以及天地一体化等技术将为用户提供智慧、深度、泛在连接。

　　总体来说，光纤通信朝着集成化、Pbps 级高速率发展。在网络功能虚拟化技术的作用下，移动通信将具有弹性和可定制的无线传输架构，数据通信同样具有弹性的网络架构以及 Tbps 或更高速转发能力。综合分析未来网络通信发展趋势，大带宽、广覆盖、高通量、绿色节能将成为连接的基本特征，网络通信技术的人工智能化、大数据化、云网一体化趋势日益明显。数据通信、移动通信、光纤通信将不断协同，走向泛在和弹性的智算网络，整体上将不断促进人-网-物三元万物互联与各行业融合。

参 考 文 献

[1] 工业和信息化部运行监测协调局. 2021 年 1—12 月通信业主要指标完成情况[R/OL]. 2021. https://www.miit.gov.cn/gxsj/tjfx/txy/art/2022/art_5e257ff20da341dd8f7cfb6205a1c618.html.

[2] Organisation for Economic Co-operation and Development. OECD broadband statistics update [R/OL]. 2021. https://www.oecd.org/sti/broadband/broadband-statistics-update.htm.

[3] 邬贺铨. 加快 IPv6 规模部署，支撑网络强国建设[J]. 中国网信，2022,(1): 31-34.

[4] 中国互联网络信息中心. 第 47 次《中国互联网络发展状况统计报告》[R/OL]. 2021. http://www.cnnic.net.cn/hlwfzyj/hlwxzbg/hlwtjbg/202102/P020210203334633480104.pdf.

[5] 工业互联网产业联盟. 工业互联网标识应用白皮书 [R/OL]. 2021. http://www.aii-alliance.org/uploads/1/20220109/c994bbd77c6227ed1b08d5affaf78a22.pdf.

[6] 中国信息通信研究院. 2021 年全球数字经济白皮书 [R/OL]. 2021. http://www.caict.ac.cn/kxyj/qwfb/bps/202108/P020210913403798893557.pdf.

第8章 年度热词

热词1：5G新空口(5G-NR)

基本定义： 所谓空口，指的是移动终端到基站之间的连接协议。统一的 5G 自适应新空口必须具有应对复杂多样的业务应用需求的能力，具有灵活适配各种业务的能力。5G 新空口包括：新波形(DFT-s-OFDM、CP-OFDM)、新调制方式(1024QAM)、新帧结构、新多址技术(SCMA、NOMA)、新编码技术(Polar Code、LDPC)、多天线传输等一系列新的无线空口技术[1]。

应用水平： 非独立组网(NSA)标准和独立组网(SA)标准的冻结标志着 5G 已经完成第一阶段的标准化工作，也意味着全球完整的 5G 国际标准正式发布，这是全球各大厂商合作妥协的结果，得到了广泛统一的认可。目前，很多通信设备商已经发布了基于 5G-NR 的预商用产品，并展示了符合 3GPP 标准的 5G-NR 多厂商互通。

热词2：6G 技术

基本定义： 6G 是继 5G 之后的下一代移动通信网络。相比于 5G 网络，6G 具有更高的网络速率、更低的通信时延、更广的深度覆盖。6G 将充分共享毫米波、太赫兹、可见光等超高频无线频谱资源，融合地面移动通信、卫星互联网、微波网络等技术，形成一个具备万物群体协作、数据智能感知、安全实时评估、天地融合覆盖的一体化绿色网络。

应用水平: 目前,5G 已经完成了第二阶段标准化工作(R16),而 6G 在国际上尚未形成统一共识。很多国家都在展望 6G 的未来。美国贝尔实验室认为,6G 应该更加注重"人类需求"并覆盖整个地球甚至空间;我国通信专家对 6G 愿景、发展趋势和关键技术作了较为深入的研究,认为 6G 网络主体应该拓展至"人-网-物-境"四个维度[2],具有全频谱、全覆盖、全应用的三大特征。现有移动通信对于网络边缘、海上、沙漠等地区覆盖比较薄弱,在还不具备频谱资源的充分共享的情况下,要实现天地融合的全覆盖 6G 网络面临较大的挑战。

热词 3:5G 承载

基本定义: 承载网是各运营商构建的一张多业务综合承载专网,用于承载各种语音和数据业务(如软交换、视讯、重点客户 VPN 等)、云专线/专网、5G 行业虚拟专网等新兴业务,通常以光纤作为传输媒介。5G 之路,承载先行。承载网作为连接无线、核心网的端到端网络,分为接入层、汇聚层、核心层三部分,接入层对应 5G 前传和中传网络,汇聚层/核心层对应 5G 回传网络以及边缘云和核心云数据中心之间的互联网络。

应用水平: 在我国,IMT-2020(5G)推进组已牵头制定了包括新技术新产品研发试验(2015—2018 年)和规模试点商用(2019—2020 年)两个大阶段计划。目前,业内关于 5G 承载技术的选择,三大运营商还没有形成统一的方案,技术路径各有优势,已明显呈现逐步融合并趋同态势。由于有线承载网络需要比无线网络提前部署,很多企业的第一代 5G 网络承载技术已成熟，在 2019—2021 年 5G 承载网已率先完成规模部署。近期主要面向工业互联网等 5G 虚拟行业专网应用场景，重点研发确定性承载网络技术和产品，助推 5G+垂直行业的应用推广。

热词 4："双千兆"

基本定义："双千兆"网络是指 5G 和千兆光网，能向单个用户提供固定和移动网络千兆接入能力，具有超大带宽、超低时延、先进可靠等特征。千兆光网采用固定光纤连接，具有传输带宽大、抗干扰性强等优势，更适合室内和复杂环境。5G 网络具有灵活性高、方便易用等技术优势。二者互相补充、互相促进。

应用水平：目前我国千兆光网(10G PON)覆盖家庭超过 3 亿户，千兆用户数达到 3456 万；5G 基站数量达到 142.6 万。随着我国"双千兆"网络的不断建设，"双千兆"应用场景也在不断丰富。千兆光网和 5G 作为驱动我国数字经济发展的"两翼"和"双轮"，将深度赋能行业应用，助力我国不断提升数字化发展水平。"绽放杯"5G 应用创新大赛和"光华杯"千兆光网应用创新大赛将为"双千兆"网络应用提供标杆示范，推动"双千兆"应用蓬勃发展、绽放光华。

热词 5：自智网络

基本定义：自智网络是指电信运营商网络通过融合自动化、智能化等 IT 技术，建立完全自动化的网络和 ICT 的智能化基础设施、敏捷运营和全场景服务的网络理念和技术。自智网络的目标是为消费者用户和垂直行业提供零等待、零接触、零故障的客户体验，并支持自服务、自发放、自保障的电信网络基础设施，为运营商的规划、营销、运营、管理等部门的内部用户提供便利。自智网络设定了 0 到 5 级的网络的自动化和智能化分级，其中 5 级代表了电信网络具备面向多业务、多领域、全生命周期的全场景闭环自治能力。

应用水平：目前中国移动、中国电信和中国联通的网络自智能力总体处在 2 级水平，基本实现了基于规则和策略的自动化闭环；个别场景下可以达到 3 级，实现网络实时感知和调整。三家运营商均设定了在 2025 年网络自智能力达到 4 级的目标，实现跨域环境中智能预测和分析决策。目前来看，实现全场景基于意图和用户体验驱动的完全智能化，即网络自智能力 5 级还面临比较大的挑战。

热词 6：IPv6+

基本定义：IPv6+是基于 IPv6 的下一代互联网的升级，是面向 5G 和云时代的 IP 网络创新体系，可以实现更加开放活跃的技术与业务创新、更加高效灵活的组网与业务提供、更加优异的性能与用户体验、更加智能可靠的运维与安全保障。IPv6+包括以 SRv6(Segment Routing over IPv6，IPv6 分段路由)分段路由、网络编程、网络切片、确定性转发、随流检测、新型组播、应用感知、无损网络等为代表的网络技术体系的创新；以实时健康感知、网络故障主动发现、故障快速识别、网络智能自愈、系统自动调优等为代表的智能运维体系的创新，以及以 5G toB、云间互联、用户上云、网安联动等为代表的网络商业模式的创新[3]。

应用水平：目前，国内主流路由器、交换机等网络产品以及解决方案企业均已开展 IPv6+产品研制。国内多次举办 IPv6+产业论坛等活动,并发布多篇指导产业发展的规划及白皮书。IPv6+的行业应用也在逐步深入。中国电信、中国联通获得了发改委、工信部组织 2021 年新型基础设施重大工程的批复,开展 IPv6+技术创新和应用示范。同时,政务、金融、能源、教育等各领域也在积极推进 IPv6+技术的部署。

热词 7：算网融合

基本定义：算网融合是以通信网络设施与异构计算设施融合发展为基石,将数据、计算与网络等多种资源进行统一编排管控,实现网络融合、算力融合、数据融合、运维融合、智能融合以及服务融合的一种新趋势和新业态。算网融合内涵丰富,"融合"是其根本特征,从技术层面看,算网融合包括计算网络化技术(高性能计算云等)、网络计算化技术(算力感知网络、SD-WAN 等)、算网安全技术(隐私计算、区块链、零信任等)等方面。

应用水平：国家高度重视这一发展契机,发改委发布《全国一体化大数据中心协同创新体系算力枢纽实施方案》,明确启动"东数西算"工程,旨在推动数据中心合理布局和供需平衡,打造国家级算网融合基础设施。当前,算网融合的基础设施实施方案涵盖"算力网络""分布式云""超算互联网" 等多种方式,引起了电信行业、能源电力、高性能计算、云服务等领域和科研院所的关注。

热词 8：黄金频段

基本定义：通常是指在 5G 时代需要进行频谱重耕的中低频谱资源。业内公认这些频段范围是黄金频段。比如:

E-UTRA 中定义的 Band8 频段,上行频段为 880～915MHz,下行频段为 925～960MHz。还有在 6GHz 以下频段方面,C-Band(3400～3800MHz 频段)成为全世界最广泛使用的移动通信频段。由于中低频段具有优秀的无线传输特性,是各大运营商奋力争抢的宝贵资源。

应用水平:美日韩等国家着力推进 28GHz 频段用于热点覆盖及最后一公里接入。而我国及欧盟重点推动 6GHz 以下黄金频段用于广覆盖。我国 5G 黄金频段频谱划分的方案已基本确定,其中,中国电信获得 3.4～3.5GHz 共 100MHz 带宽的频谱资源;中国联通获得 3.5～3.6GHz 共 100MHz 带宽的频谱资源;中国移动获得 2515～2675MHz、4.8～4.9GHz 共 260MHz 带宽的频谱资源。

热词 9：毫米波

基本定义:通信行业将 30～300GHz 的频域(波长为 1～10 毫米)的电磁波称为毫米波,它位于微波与光波相交叠的波长范围,具有两种波谱的特点。在 5G 网络中,毫米波没有太过精确的定义,通常将高于 24GHz 以上频段的电磁波统称为毫米波。

应用水平:美国运营商已经在 28GHz 频段部署 5G 毫米波固定无线接入网,并加快商用部署符合 3GPP R15 标准的毫米波 5G 网络。据统计,基于大规模新兴应用的需求,全球毫米波技术市场将以约 30%的年复合增长率上升。亚太地区初步达成共识,将 26GHz 毫米波频段用于 5G 系统,毫米波国际协调工作取得实质性进展。在中国,工信部共批复 8.25G 毫米波带宽用于 5G 技术研发试验,显示了我国引入高频段资源决心。由于毫米波相关技术、材料和产品取得进步，通信用毫米波产品正逐步进入商用化阶段。

热词 10：太赫兹

基本定义：太赫兹通常是指 0.1～10THz 的电磁波，在国际电信联盟(ITU)指定的电磁波频段内，频率为 0.3～3THz。它是整个电磁波频谱中的最后一个跨度，在科学界被称为 THz Gap。太赫兹既不能完全适合用于光学理论，又不能完全适合于微波理论，是一个具有交叉学科性质的前沿研究领域。

应用水平：太赫兹适合应用于超过 100Gbps 传输速率的无线通信系统，比如新一代无线局域网和无线个域网。太赫兹技术也是未来第六代移动通信(6G)的关键技术之一。目前，太赫兹通信还处在关键器件的研究开发、太赫兹通信系统整体结构方案的可行性论证以及实验室研究和仿真演示阶段，亟须研制高效发射天线和辐射源等固态器件，解决太赫兹信号调制和处理技术，并制定相应的技术标准。太赫兹通信技术可实现更高速的信息传输，抢占频谱资源，具有很高的经济价值和战略意义。

热词 11：量子计算

基本定义：量子计算以量子比特为基本单元，利用量子叠加和干涉等原理实现并行计算，能在某些计算困难问题上提供指数级加速，是未来计算能力跨越式发展的重要方向。

应用水平：量子计算领域是全球各国科研与产业界的关注与期望焦点，科学研究和技术研发亮点纷呈，多领域应用探索蓄势待发，创新创业与投融资增长迅速，发展趋势强劲。超导、离子阱、光量子和半导体等多种技术路线并行发展，量子计算优越性获得实验验证，比特数量规模和质量参数进一步提升，但在可扩展性、操作复杂度、噪声抑制能力和集成化水平等方面仍有诸多挑战，实现大规模通用量子计算未来仍需长期艰苦努力。

热词 12：卫星互联网

基本定义：卫星互联网是新型信息基础设施之一，是指基于卫星通信手段接入互联网。卫星通信手段涵盖高轨、中轨、低轨通信。

应用水平：2017 年 4 月，我国第一颗 Ka 频段多波束宽带高通量卫星(中星 16 号)成功发射，总通信容量超过 20Gbps。2018 年 12 月，用于建立卫星星座的虹云-1 号卫星成功发射，而且我国计划在 2023 年共发射 156 颗虹云系列卫星，建设低轨道通信卫星星座，为地面各种终端提供互联网服务，改善中国偏远地区的互联网接入，初步形成卫星互联网。2022 年 3 月，我国成功发射六颗低轨宽带通信卫星——银河航天卫星，这批卫星将组成低轨宽带通信试验星座。全球范围内多个国家都在建设类似的卫星星座，例如美国 SpaceX 公司的 Starlink 卫星通信星座、英国 OneWeb 卫星通信星座、加拿大的 Lightspeed 等。

热词 13：海洋网络

基本定义：海洋网络是指能够在占全球地表面积 71% 的海洋疆域环境下，提供和陆地互联网类似的接入和数据服务的网络系统。海洋网络在水下通常以海底光缆、声波、激光为传输介质，而在水面上以陆地移动通信、卫星通信、无线自组网为主要通信手段。

应用水平：全球共有 400 多条海底光缆，99%的国际之间的隔海通信主要依靠海缆。世界各国都意识到海缆是国家信息发展战略的基础，都在大力投资和建设海底光缆系统。目前美国登陆海缆超过 60 条，中国仅 10 条，差距较大。但我国已经掌握海底光缆自主制造技术，亟须发展海缆船船队和大量的海下施工装备。而水下的声波、激光、电波的通信距离较短、速率较慢，不具备大规模应用条件。全球海上移动通信覆盖较为薄弱、卫星通信较为昂贵，是海洋网络发展的短板。我国海洋面积辽阔、水体巨大，在海上运输、石油勘探、海洋环境监测、海底探测等应用方面，发展海洋网络具有很高的经济价值和战略意义。

热词 14：开源系统

基本定义：开源系统是指源代码、设计文档和其他相关文档对开发者之外的用户开放的系统。用户可以根据不同的开源协议获取源代码或设计图纸并允许对其进行修改。开源系统尊重作者知识产权，版权受到法律保护。开源系统包括开源软件和开源硬件，它们都是开源文化的一部分。

应用水平：开源软件系统于 20 世纪 90 年代开始盛行，至今技术体系、开源协议发展较为成熟，比如：GPL、MPL、BSD 等著名的开源许可证协议。相比开源软件，目前开源硬件仍处于起步阶段，未形成成熟的技术发展体系，而且参与开源硬件开发的用户较少。我国开源系统发展起步较晚，开源生态还不成熟，版权意识薄弱，开源文化还需进一步普及。

热词 15：东数西算

基本定义："东数西算"一词源自国家发改委《全国一体化大数据中心协同创新体系算力枢纽实施方案》，批复计划在京津冀、长三角、粤港澳大湾区、成渝、内蒙古、贵州、甘肃、宁夏部署国家八大算力枢纽节点，其中"数"指数据，"算"指算力，即对数据的处理能力，通过有序构建数据中心、算力网络体系，将东部数据的算力需求逐步引导至西部，平衡东西部算力供需关系。

应用水平：2015 年以来，我国数据增量年均增速超过 30%；2019 年我国产生的数据量约占全球的 9.3%，居世界第二，由此对算力的需求也越来越高。目前，我国数据中心的布局规模已达 500 万标准机架，算力达到 130EFLOPS(每秒一万三千亿亿次浮点运算)。此外，我国目前的数据中心大多集中在东部地区，西部地区数据中心数量占比不到 20%。部署数据中心不仅需要土地，还需要大量电力资源支撑，东部地区的数据中心发展将难以为继。西部地区具有广阔的土地资源与丰富的可再生能源，部分地区气候凉爽，更有利于数据中心建设部署，具备承接东部数据算力需求的潜力。"东数西算"工程将充分发挥我国体制优势，从全国大局角度出发，优化资源配置，统筹协调算力资源部署，极大提升资源利用效率，有力推动数字经济绿色可持续发展，并将带动相关产业转移，促进东西部数据流通，延展东部发展空间，推进西部大开发形成新格局。

参 考 文 献

[1] 杜滢, 朱浩, 杨红梅, 等. 5G 移动通信技术标准综述[J]. 电信科学, 2018,

(8): 2-9.

[2] 陈亮, 余少华. 6G 移动通信发展趋势初探[J]. 光通信研究, 2019, (4): 1-11.

[3] 田辉, 魏征. "IPv6+"互联网创新体系[J]. 电信科学, 2020, 36(8): 3-10.

作者：余少华　党梅梅　何　炜　陈　亮　张新全　李少晖